KB090872

아이들의
꿈에 날개를
다는 학교

Foreign Copyright:
Joonwon Lee
Address: 10, Simhaksan-ro, Seopae-dong, Paju-si, Kyunggi-do,
        Korea
Telephone: 82-2-3142-4151
E-mail: jwlee@cyber.co.kr

아이들의 꿈에 날개를 다는 학교

2018. 7. 20. 초 판 1쇄 인쇄
2018. 7. 27. 초 판 1쇄 발행

저자와의
협의하에
검인생략

지은이 | 인천신현고 선생님
펴낸이 | 이종춘
펴낸곳 | BM 주식회사 성안당
주소 | 04032 서울시 마포구 양화로 127 첨단빌딩 5층(출판기획 R&D 센터)
      10881 경기도 파주시 문발로 112 출판문화정보산업단지(제작 및 물류)
전화 | 02) 3142-0036
      031) 950-6300
팩스 | 031) 955-0510
등록 | 1973. 2. 1. 제406-2005-000046호
출판사 홈페이지 | www.cyber.co.kr
ISBN | 978-89-315-8252-9 (13370)
정가 | 14,800원

이 책을 만든 사람들
기획 | 최옥현
진행 | 오영미
교정 · 교열 | 오영미
본문 디자인 | 신인남
표지 디자인 | 박원석
홍보 | 박연주
국제부 | 이선민, 조혜란, 김해영
마케팅 | 구본철, 차정욱, 나진호, 이동후, 강호묵
제작 | 김유석

★★★
www.cyber.co.kr
성안당 Web 사이트

■ 도서 A/S 안내

성안당에서 발행하는 모든 도서는 저자와 출판사, 그리고 독자가 함께 만들어 나갑니다.
좋은 책을 펴내기 위해 많은 노력을 기울이고 있습니다. 혹시라도 내용상의 오류나 오탈자 등이
발견되면 **"좋은 책은 나라의 보배"**로서 우리 모두가 함께 만들어 간다는 마음으로 연락주시기
바랍니다. 수정 보완하여 더 나은 책이 되도록 최선을 다하겠습니다.
성안당은 늘 독자 여러분들의 소중한 의견을 기다리고 있습니다. 좋은 의견을 보내주시는 분께는
성안당 쇼핑몰의 포인트(3,000포인트)를 적립해 드립니다.
잘못 만들어진 책이나 부록 등이 파손된 경우에는 교환해 드립니다.

아이들의 꿈에 날개를 다는 학교

인천신현고 선생님 지음

BM 성안당

📘 추천사

"수업이 살아야 교육이 산다"

학생들은 수업을 통해 성장한다. 교사와 학생, 학생과 학생 사이의 상호작용에 의한 역동적이고 생동감 있는 수업이 학생의 삶에 연계되어야 한다.

이 책은 '우문현답'을 되뇌이게 한다. 바로 교육의 문제는 현장에 답이 있다는 것이다. 이른바 잠자는 교실로 표현되는 고교 교실의 문제를 의미 있는 수업으로 잘 풀어내고 있다. 학생들이 실제 수업이나 학교 교육을 통해 바라는 것이 무엇일까를 고민한 흔적들이 책 곳곳에 담겨져 있다. 이 책에 녹아있는 현장 교사들의 경험과 지혜가 학생 중심의 교육과정 운영이 핵심인 고교 학점제를 견인하는 기폭제가 되기를 기대해본다.

이광우
(KICE 학점제 연구팀장)

세상은 4차 혁명의 시대를 향해 가는데 교육은 여전히 19세기다. 지금의 학교 체제로는 미래 인재를 키울 수 없다. 그러나 인천신현고의 실험은 앞으로 학교 모델을 고민하는 모두에게 귀감이 될 만하다. 창의와 인성 역량을 키우기 위해 밤낮없이 노력해온 인천신현고 교사들에게 박수를 보낸다.

윤석만
('휴마트 씽킹', '인간혁명의 시대' 저자)

인천신현고의 수업 보고서는 수업을 변화시키기 위한 교사들의 치열한 고민과 노력, 다양한 방법으로 학생들의 역량을 확인하고 신뢰를 쌓아가는 과정이 생생히 담긴 한 편의 성장 다큐멘터리다. 같은 고민을 해온 교사들에겐 더할 나위 없는 길잡이가 될 듯하다. 그리고 여전히 변화를 두려워하는 대한민국 공교육 혁신의 증거가 되어주었으면 한다. 취재 당시 인천신현고 아이들의 기분 좋은 재잘거림이 아직도 귓가에 생생하다.

이명우

(EFG미디어 팀장, 'KBS 4차산업혁명시대의 교육' 8부작 연출)

인천신현고 방문은 내게 신선한 충격이었다. 일반고에서 이렇게 다양한 수업을 제공한다니…. 당시만 해도 '고교 학점제'나 '과목 선택권' 같은 말은 생소할 때였다. 한국의 공교육 환경에서 학생에게 과목 선택권을 보장한다는 것이 교사와 학생들의 적극성과 열정 없이 얼마나 힘든 작업인가! 그 어려움을 알기에 이 책에 담긴 선생님들의 생생한 이야기가 널리 널리 퍼졌으면 좋겠다. 수업 시간에 엎드려 잠을 자는 고교 시절을 보낸 나로서는 인천신현고에서 학창 시절을 다시 보내고 싶은 마음이다.

김미향

(한겨레 신문 기자)

학교는 구조다. 교사 혼자 변해보겠다 맘먹기조차 쉽지 않다. 시작도 힘겹고 지속해 가다 소진되기 일쑤다. 전문적 학습 공동체, 말이 쉽지 여럿이 발을 맞추려면 진을 빼도 한참 빼야 한다. 고행이며 고투다. 그런데 학교 전체가 달려들었다. 그것도 학교 혁신의 몸통인 수업을 정조준했다. 시도만으로도 상찬감인데 버젓이 책으로 엮어 냈다.

학생들과의 교감이 빛나는 책자가 많지만 모든 학생들의 온 시간에 공을 들인 인천신현고의 기록은 발군이다. 혁신 학교 운동이 도달할 중간 기착지 즈음에 이미 가 있다. 읽고 덮어두지 말고 배우며 따라 가 봐야겠다.

임병구
(인천교육청 전 정책기획관)

녹화를 위해 인천신현고를 방문한 우리 촬영팀이 공통적으로 느꼈던 점은 바로 다른 학교에서 볼 수 없었던 아이들의 표정이었다. 살아있다고 해야 할까?

이런 모습을 바라는 교사와 학생, 학부모라면 이 책의 이야기는 더 없이 훌륭한 길잡이가 될 것이다. 여전히 만들어가는 과정일 테지만, 우리의 교실이 이렇게도 바뀔 수 있다는 생생한 현장 기록은 오늘날 우리 교육을 걱정하는 많은 이들에게 소중한 빛이 될 것이다.

아이들의 꿈에 날개를 달아주는 것, 그것이야말로 교육이 마땅히 해야 할 일이기 때문이다. 그곳에서 우리 교육이 걸어갈 또 다른 길을 볼 수 있었다.

이건협

(KBS 명견만리 PD)

교육이 다시 '희망'이 될 수 있도록 우리 모두에게 큰 감동과 울림을 주는 책이다. 학교 현장에서 수업을 중심으로 시작된 이러한 변화와 혁신은 시대가 요구하는 교육의 새로운 패러다임을 제공해 주는 동시에 우리 모두가 행복한 교육을 만드는 데에 희망의 씨앗이 되리라 믿는다. 스스로 힘들고 어려운 길을 찾아 묵묵히 헌신해 오신 선생님들께 무한한 신뢰와 존경을 표하며, 이 아름다운 여정을 함께하며 응원할 것이다.

안민석

(국회의원)

수업. 교사에게 수업은 가장 익숙하고, 마음 편한 시간이다. 수업을 통해 자존감과 행복감을 느끼고 교사의 정체성을 확인한다. 동시에 수업은 정말 어렵고 힘든 시간이기도 하다. 오죽하면 '수업만 없다면 교사도 할 만한 직업'이라는 우스갯소리가 있을까!

수업의 딜레마를 풀기 위해 진작부터 '교실 수업 개선'이 추진되어 왔다. 자유학기제, 교과교실제, 고교 교육력 제고, 고교학점제, 학생부종합전형 등 최근에 많이 접하는 교육 관련 각종 정책이나 계획들도 결국은 수업의 개선과 변화가 출발이자 종착이다.

교사는 수업을 잘 하고 싶어 한다. 수업을 통해 학생을 만나고 가르치는 재미와 보람을 누리려 한다. 학교도 수업이 살아 있는 좋은 학교가 되기를 간절히 희망한다. 그러나 현실은 녹록치 않다. 수업 이외의 일로 신경 써야 하는 일들이 자꾸 늘어만 가는 것도 불편한 진실이다. 그래도 우리가 희망을 갖는 것은 어떤 경우라도 잘 가르치려 애쓰는 교사가 있고, 열심히 배우려는 학생이 있기 때문이다. 이 책은 그러한 교실 수업의 기록이다. 수업 성공담이 아니라 좋은 수업을 위한 고민과 시도의 경험담이다.

우리 학교는 대도시에 소재한 30학급 규모의 평범한 여고이다. 자율형 공립고로서 초빙 교사가 일반고보다 많기는 하나, 학교 교육 여건은 크게 다르지 않다. 학교가 무엇을 해본다고 시도했을 때 겪는 어려움과 시행착오도 비슷하다. 다만, 학교장이 학교의 우선순위를 '수업'에 두고 꾸준히 매진했을 때, 모든 교직원이 '학생'을 교육 활동의 중심으로 삼았을 때, 변화가 일어났고 소소하나마 성공 경험이 쌓였다고 생각한다. 해마다 교원이 바뀌는 공립학교 특성상, 우리 학교의 경험이 한 때의 지나가는 사례로 그칠 수도 있을 것이다. 설령 그렇더라도 교사가 수업을 고민하고, 학교는 그러한 고민을 존중하고 지지하기 위해 애썼던 노력은 수업 개선에 관심을 갖는 분들에게 좋은 참고는 되리라고 본다.

집필진을 대표하여

교감 최영선

CONTENTS

1

 교육과정

최영선

학생 중심
교육과정과
교실

❗ 교실을 생각한다!

"교육의 이해 당사자는 누구인가? 정부, 지자체, 교육청, 교사, 아이들, 학부모, 사회 교육, 지역 사회, 매체…… 교육을 둘러싼 모든 인간 활동이 '그것'을 중심으로 편성되어 있다면 도대체 그것은 무엇일까?"[1]

우치다 다츠루 교수에 따르면 <u>교사와 아이(학생)</u>이다. 교사와 학생이 만나서 가르침과 배움을 이뤄내는 장(場)은 교실이다. 이곳에서 학교의 시간 대부분이 흘러가므로 교실의 생동(生動) 여부는 언제나 중요한 관심사이다. 안타깝게도 언론 등에서 교육 문제를 지적할 때마다 고등학교의 교실은 으레 '잠자는' 모습으로 등장한다. 다소 식상하고 과장된 면이 있지만, 그렇다고 전혀 아니라고도 할 수 없는 안타까운 자화상이다. 여기서 일반고 위기론은 계속 반복된다.

수업 시간 시작부터 잠을 자기로 작심한 학생은 없을 것이다. 그것을 강 건너 불구경 하리라 마음먹은 교사도 없을 것이다. 그렇다면 교

---

1) 우치다 다츠루(박동섭 옮김), "교사를 춤추게 하라", 민들레, 2012, 40쪽

실 위기의 전형처럼 보이는 이 풍경은 어디에서 비롯된 걸까? 학생은 배우려고 등교했고, 교사는 가르치려고 출근했는데, 왜 배움과 가르침이 어긋나 있을까? 그동안 정부, 교육청, 학교는 이 문제를 해결하려고 무진 애를 썼는데, 왜 교실은 여전히 힘들까?

이런 진단을 해 본다.
- 학생은 자기가 배우고 싶은 것을 배우지 못한다.
- 교사는 수업에 전념하기 힘든 구조에 얽매여 있다.

그러면 이런 해법도 가능할 것이다.
- 학생에게 과목 선택의 폭을 넓혀 제시하고,
- 교사가 수업에 전념할 수 있도록 여건을 만들어 준다면,
- 교실은 배움과 가르침의 본래 기능을 어느 정도 회복할 것이다.

인천신현고의 수업은 소박하지만 이 진단과 해법을 기본으로 한다. 사실 교실의 위기에 대해 논자(論者)들마다 현재의 입시 위주 교육에서는, 자사고(특목고)가 있는 한, 교사들의 관심과 의욕이 부족해서, 예산이 없어서 등 다양한 이유를 제시한다. 전혀 근거 없는 말은 아닐 것이다. 그런데 뭔가 아쉽다. 문제의 원인을 주로 바깥에서 찾고 있다.
　처음의 질문 － 그것의 입장에서 출발해 보는 － 구체적으로 교사와 학생이 만나는 실존의 장(場)으로부터 답을 찾아보려는 시도가 그리 많아 보이지 않는다. 교실이 힘들다면, 학교가 당장 어찌해 볼 수 없는 거시적 이유에 매이기보다 차라리 교실 그 자체를 소심심고(素心深考)해

봄이 현실적일 듯싶다. 교실에서 교사와 학생이 함께 존재감을 느낄 수 있다면 학교는 여전히 희망의 돋움터라고 생각하기 때문이다.

❗ 위기의 본질과 성찰

교실의 위기는 교육과정의 문제와 직접 연결된다. 2018학년도 고등학교 입학생에게 적용되는 2015 개정 교육과정이 고시(2015.9.)되었을 때, 2009 개정 교육과정이 시작된 지 얼마나 되었다고 또 국가 교육과정을 바꾸냐는 지적이 많았다. 그러나 수많은 비판에도 불구하고 교육 환경의 변화에 발맞추려는 취지 자체를 탓할 수는 없다. 오히려 변화를 담아내지 못하는 학교 교육과정의 운영 관행이 문제일 수 있다.

이유야 어떻든 대입 전형이 수시 확대와 함께 크게 변화하고 있음에도 학교 교육과정은 정시 위주 편성이고, 청년 실업 문제에서 보듯 학생들의 진로 환경이 크게 바뀌었음에도 학교는 대입 위주의 진학 지도에서 벗어나지 못하고 있다. 또한 학생 수가 크게 감소하는 상황에서 당연히 학생들의 개별적 다양성을 존중해야 함에도 여전히 '수강자 수'의 굴레에 갇혀 결국 내신 1~2등급 학생들에게 유리한 편성에 머물고, 학생의 '선택'을 존중해야 하는 교육과정임에도 교사 수급을 먼저 고려하는 현실에서 일반고 교실이 위기로 내몰렸다고 생각한다. 학생을 외면하다가 학생에게 외면당하게 된 게 지금의 형국이다.

인천신현고는 학교 교육과정 편성에 앞서 세 가지 질문을 생각해 본다.

첫째, 학생이 칠판만 바라보다가 졸업한다면? 즉, 학교 교육과정이 학생의 실질적 수업 참여를 보장하는 편성인가를 고민한다. 과거에는 칠판을 열심히 주목해야 좋은 성적을 얻고 원하는 대학에도 갈 수 있었다. 지금은 학생이 수업 중에 무엇이라도 해야 진로진학에 도움이 된다. 이른바 역량을 키울 수 있고, 교사가 학교생활기록부에 한 줄이라도 기록해 줄 근거를 갖기 때문이다. 둘째, 학교가 설계하여 제공하는 3년간 204단위는 수요자인 학생들이 동의하는 편성인가? 학생들에게 충분히 의미 있는 성장 기회, 성장 경험을 제공하는 시간인지 물어보는 것이다. 셋째, 어떤 학교, 어떤 교실을 기대하는가? 세대적 책임과 의무를 느끼며 기성세대(학교장, 교감, 교사)가 미래 세대(학생)를 위해 어떤 역할을 해야 하는지 겸허히 자문하는 것이다.

이 과정에서 구체화된 지향(指向)은 다음과 같다.

- 변화(靜的 → 動的)의 수용: 수업 再개념화
  - '학생의 교실 이동'과 '수업 중 참여'를 기본으로 한다.
- 학교 교육의 출발점: 학생의 선택
  - 학생의 과목 선택을 보장하도록 클래스 규모(형태)를 다양화한다.
- 학생 참여형 수업의 실제적 진행
  - 수업을 통해서 교사와 학생이 함께 성장해야 한다.
- 교사 업무의 재구조화
  - 교육과정 중심으로 학교 운영이 되도록 교원 업무를 경감한다.
- 학교 문화의 변화: 협업과 소통
  - 관리와 통제가 아닌 자율, 책임, 자발성을 근거로 한다.

학생의 선택을 보장하는 교육과정 편성·운영

| 편성 근거 및 규정 마련

학교가 교육과정 편성에 어려움을 겪을 때, 그 사정을 짚어 보면 관행과 관행의 충돌인 경우가 많다. 일부 교원 주도 편성, 재직 교사 수급 기준 편성, 전년도 기준 편성, 이웃 학교 참고 편성 등이 흔한 원인이다. 또한 교원 간 소통의 부재 속에 각각 권리 주장으로 포장된 권력 행사가 서로를 피곤하게 만들기도 한다. 정작 선택 주체인 학생은 고려 대상에서 빠진 채 말이다.

학교 교육과정이 무리 없이 정상적으로 편성되려면, 관련 근거를 정확하게 이해하고 적용 범위 내에서 적극적으로 해석하는 자세가 필요하다. 또한 추진 동력은 임의성을 배제하려는 노력과 비례하므로, 편성의 절차가 타당성과 공식성을 갖추도록 해야 한다. 교사가 학교 교육업무를 할 때 누가 시켜서 하는 것과 법령, 규정 등에 따라 책임감을 갖고 스스로 하는 것에는 분명한 차이가 있을 것이다.

우리 학교에서는 교육청에서 고시한 교육과정 편성 운영 지침을 기본으로 하되, 학교 교육과정 운영과 직접 관련된 각종 법령, 지침, 기타 공식 문서 등을 학교 여건에 맞게 〈학교 규정〉으로 마련했다. 주요 근거를 일부 예시하면 다음과 같다.

주요 근거(*조항은 생략)	교육과정 편성·운영 시 반영 요점
교육과정 총론(교육부 고시)	교육과정 편성 및 교과교육과정(교과별 운영 계획) 수립
고등학교 교육과정 편성 운영 지침(교육청 고시)	학교 여건에 맞는 자율적인 교육과정 편성·운영
학업 성적 관리 시행 지침 (교육청 지침)	교과별 운영과 평가 및 성과 관리
공교육정상화법	선행교육 없는 정상적 교육과정 편성(과목 위계 준수)
인성교육진흥법	교과교육과정, 생활지도, 특색 사업, 학생 포상 계획에 반영
자공고 지정 및 운영에 관한 훈령	특색 있는 교육과정 편성·운영을 위한 행·재정적 지원 활용
선진형 교과교실제(교육청 지침)	학생의 필요 및 요구에 따른 과목 선택권 확대
진로진학교육 지원계획 (교육청 지침)	수시 전형 확대 등 대입 전형 변화 방식에 맞는 편성 운영
공자학당 운영(협약)	제2외국어 교육 내실화(집중과정 운영 및 국제 교류)
(중국)톈진3중, (일본)와카바고(협약)	제2외국어 교과중점 운영 및 국제 교류 활동 연계

| 교육과정 편성 원리

교실은 학생의 호응이 있어야 잠에서 깨어나 본래의 기능을 행할 수 있다. 교육과정은 수업의 바탕이 되므로 학생의 관심과 수요를 중요한 출발점으로 삼아야 한다. 간혹 무기력한 교실의 원인을 교사 탓으로 돌리는 경우가 있는데, 자세히 살펴보면 문제는 교육과정이다. 학생을 우선하지 않은 교육과정 속에서는 어떤 유능한 교사라도 무기력할 수밖에 없다. 운동장에서 수영을 가르치는 격이기 때문이다.

우리 학교에서는 학교의 여건, 진로진학 환경, 학생의 필요 등을 기준으로 다음 4개의 원칙을 교육과정 편성 시 반영하도록 했다.

- 인천신현고의 특수한 교육적 여건을 반영한다.
  - 자율형 공립고(연구학교): 특색 있는 교육과정 운영
  - 선진형 교과교실제: 학생의 과목 선택권 보장(이동 수업)
  - 공자학당 운영 등 국제 협약: 제2외국어 중점 학교 운영 활성화
- 현행 대입전형 방안과 학생의 진로진학 희망을 연계한다.
  - 수능 체제 대비: 응시 교과목의 공통 및 집중 선택 보장
  - 학생부종합전형 확대 대비: 진학 유형 및 수준에 따른 선택 보장
  - 학생 역량 신장 지원: 외국어, 생활·교양 등 실용 과목군 확대 제시
  - 수능 이후 교육과정 정상화: 학기별 이수단위 조정
- 학생의 진로진학 및 학교 교육 여건을 반영하여 4개의 집중과정을 제시한다.
  - 자연이공 과정, 수리과학 과정(물리 필수), 인문사회 과정
  - 제2외국어(중국어, 일본어) 집중과정 [2]
- 학생의 수준 및 진로진학 적성에 맞도록 과목을 폭넓게 개설한다.
  - 영어: 영어회화 관련, 영문 표시 과목(무학년제 운영) 개설
  - 탐구: 영역 내 일반 과목 모두 개설 원칙(시교육청 인정 13개 과제연구 과목 포함)
  - 예술: 희망자에 한하여 예술 심화 과목(문학, 영화, 사진 등) 선택 가능
  - 생활·교양: 진로 분야별 필요에 맞는 과목 선택 가능
  - 제2외국어: 중국어, 일본어 외 희망 외국어 수요 조사 후 개설

---

2) 1학급 규모로 입학 시 희망 학생을 시교육청에서 우선 배정함

참고로 4개의 집중과정은 기존 인문/자연과정을 인위적으로 2개씩 나눈 게 아니라, 학교 교육 여건이 자연스럽게 반영된 결과이다. 수리 과학 과정은 학교가 2015년 교육부로부터 수학교육 선도학교로 지정받아 방과 후에 진행하던 여학생 이공계 진로 관련 프로그램들을 2016년도에 교과 교육과정(수학, 물리, 공학기술, 과제연구 등)으로 담아내는 과정에서 개설되었다. 또한 제2외국어 과정은 학교의 특수한 여건(공자학당)을 적극 활용한 경우로, 종래 중국 관련 행사, 방과 후 프로그램, 국제 교류 등의 공자학당 운영 활동을 2015년에 인천시교육청의 진로집중 중점학교로 지정받아 30단위 수준의 제2외국어 집중과정을 개설했고, 이를 바탕으로 2016년부터 본격 운영하는 과정이다.

| 선택 과목 개설의 원칙

고등학교 교실에서 가장 흔한 딜레마는 학생이 선택한 수능 응시과목과 학교가 편성한 과목이 다를 때이다. 교사 입장에서 열심히 가르치기도 뭣하고, 그냥 두자니 답답하다. 열심히 가르치다가 민원을 받기도 한다. 교사와 학생이 서로 민망한 수업은 결코 정상이라 할 수 없다. 수업인 듯 수업 아닌 수업을 언제까지 그대로 두고만 볼 것인가? 학생의 과목 선택권 보장을 적극 검토해야 하는 이유가 여기에 있다.

물론 현행 입시 체제와 교육과정의 불일치, 교사 수급 문제, 학교의 제반 여건 등 학교로서도 어찌할 수 없는 한계가 있다. 그러나 고등학교 교육과정이 선택 교육과정으로 명시되어 있는 한, 불편하더라도 다음의 질문에 대한 직답이 필요하다.

선택의 주체는 누구인가? 누구를 위한 과목 선택인가? 선택 주체들 간 우선순위를 정한다면 누가 우선인가? 결론적으로, 학교가 현재의 수준에서 조금이라도 선택의 폭을 더 확장시킬 수 있는 여지는 전혀 없을까?

인천신현고의 경우도 분명히 한계와 어려움은 있지만, 과목의 개설은 학생의 선택을 원칙으로 한다. 2016년도부터 적용한 학교 규정은 다음과 같다.

제9조(과목 개설) ①학교가 개설할 수 있는 선택 과목은 다음 각 호와 같다.
 1. 인천광역시 고등학교 교육과정 편성·운영 지침에 제시된 교과목
 2. 인천광역시 교육감이 인정한 과목
 3. 학교가 필요에 따라 개설하여 시교육청의 승인을 받은 과목
② 학교는 ①항에 해당하는 과목들을 학생, 학부모, 교사에게 충분히 안내하고, 학생들이 선택하는 과목은 가급적 모두 개설하는 것을 원칙으로 한다.
③ 학생이 과목을 선택하였으나 학교의 여건 상 개설이 곤란한 경우에는 시교육청에서 안내하는 학교 간 꿈두레 공동 교육과정, 온라인 수업 등을 이용하도록 안내한다.
④ 학교는 필요에 따라 새로운 과목을 개설할 수 있으며, 이 경우에는 시교육청에서 요구하는 필요한 절차를 거친다.
⑤ 특수 재능 학생, 특수교육 대상 학생, 학습 부진 학생, 귀국 학생, 다문화 가정 학생, 북한 이탈 주민 등 일부 학생들에게 필요하다고 판단되는 경우에는 학교의 여건이 허용하는 범위에서 필요한 과목을 증배 편성하여 학습 기회를 제공할 수 있다.
⑥ 과목이 개설되었더라도 다음 각 호의 경우에는 개설 취소, 이수단위 또는 이수시기 등의 변경이 가능하다.
 1. 교육과정 관련 법령이나 상급 기관의 관련 지침, 규정이 바뀌었을 때
 2. 대학 입학전형 방식의 변화로 적절한 대비가 필요하다고 판단될 때

3. 학생의 선택 수요가 적어서 과목의 개설이 곤란하다고 판단될 때
4. 해당 과목의 지도 교사를 확보하지 못한 때
5. 교육청이나 외부 전문가의 컨설팅에 의해 조정이 필요하다고 판단될 때

● 인천신현고 교육과정 운영 규정 제9조 ●

선택 과목의 개설은 적어도 학생 수요(1순위), 교사 확보(2순위), 교실 확보(3순위), 3가지 요건이 충족되면 가능하다.

교과교실제의 운영으로 80여 개 과목이 개설되었어도 교사(2조건)와 교실(3조건)로 인한 어려움은 없었다. 좀 더 지켜봐야겠지만, 오히려 교사 전보 연한(5년) 보장과 순회 교사 문제 해결 등 교사의 근무 안정성이 눈에 띤다. 가장 중요한 부분은 학생(1조건)이다. 학생에게 묻고 나서 개설 여부를 정하는 게 쉽지 않다. 학생이 원한다고 모두 수용되는 것도 아니다. 학생의 마음이 쉽게 변하기도 한다. 그러나 최종 개설 여부를 떠나서 일단 먼저 알려주고 물어보는 방식은 선택 교육과정의 실질성을 가름하는 핵심이다. 먼저 물어보는 것, 인천신현고 교육과정 편성의 소박한 출발이자, 복잡한 모든 것이다.

| 선택 과목 확대 방식

선택 과목의 확대는 2개의 접근 방식으로 진행되었다. 우선 국가 교육과정에서 보통교과로 고시된 과목과 인천시교육청이 관내 고등학교 보급 목적으로 신설한 과목들을 학생들에게 모두 소개하고, 수요가 있으면 적극적으로 개설했다. 다음으로는 그동안 학교에서 일과 외로 진행되던 각종 교육 활동을 일과 내 정규 교과과정으로 끌어들였다. 이 방

식은 업무 경감의 효과와 함께 교육과정 중심 학교 운영의 구현 취지와 도 맞닿아 있다. 과목의 확대 개설 사례는 다음과 같다.

(*과목에 따라 2개 방식 모두에 해당되기도 한다.)

- 진로희망, 수준, 관심에 따른 과목 선택권 확대 사례

    - 시교육청 신설 인정과목: 15년 5과목 → 16년 11과목(과제연구, 창업, 인 문학 등)
    - 소수 학생 선택과목: 15년 5과목 → 16년 12과목(정보 8명, 스페인어 10 명 등)
    - 교양: 15년 1과목 → 16년 8과목(※학생 참여형 수업 방식으로 운영)
    - 기술 · 가정: 15년 1과목(가정과학) → 16년 3과목(가정과학, 공학기술, 정보)
    - 제2외국어: 15년 2과목 → 16년 3과목(중국어, 일본어, 스페인어)
    - 무학년제: 심화영어작문, Critical Reading, English Writing
    - 꿈두레 공동 교육과정: 2과목(스페인어, 프랑스어)
      *시교육청 지정 거점학교로 지정받아 운영

- 특색사업 등 교과 외 활동의 교과 교육과정 편성 사례

    - 신현삼품제(미국문화체험 프로그램) → 실용 중심 영어 3과목 편성(작문, 회 화 등)
    - 공자학당(중국자매결연 프로그램) → 중국어 진로 집중과정(3년간 28단위) 편성 운영
      ※ 일본어 전용 교실을 활용한 일본어 집중과정 운영(3년간 28단위)
    - 전통지킴이(신현전통장 만들기) 활동 → 창업(생활과 창의성) 과목 개설 운영

- 수학교육 선도학교 → 수리과학 집중과정 편성(수학과제연구, 공학기술 등 편성)
- 기존 다양한 동아리 활동 → 12개 **관련 교양과목 및 과제연구 과목** 연계 운영

참고로 수준별 수업이 가능한 영어와 수학의 경우, 기존에는 동일 과목 n+1 형태 수준별 수업으로만 진행했다면 2016년부터는 동일 과목 n+1 외에도 수준에 따른 교과 내 과목 선택 방식을 도입했다. 영어는 기초영어, 영어(n+1), 무학년제 영문 표시 과목(Critical Reading, English Writing)을 개설해서 학생이 자신의 수준에 맞는 과목을 선택할 수 있도록 했다. 영문 표시 과목은 귀국 학생 등을 고려하여 교육청의 신설 승인을 받아 개설했다.

수업 여건 만들기 2

업무 재구조화를 통한 수업 중심 학교 운영

| 업무 재구조화

교사가 수업에 전념하지 못하는 데는 몇 가지 이유가 있는데, 그중하나는 교사의 한정된 시간이 제대로 존중받지 못하기 때문이다. 살펴보면 의외로 많은 시간이 불필요하게 소모된다. 불균형도 있다. 바쁜 사람만 바쁜 구조가 매해 반복되고, 학교의 필요와 교사 개인의 필요가 상호 긴장하는 경우도 많다.

우리 학교는 수업을 기준으로 학교 업무를 평가하는 데서 문제를

풀어나가기 시작했다. 일례로 2016년도 업무 분장을 위해 각 부서 업무 내용을 조사해보니 A4 용지로 11쪽(253개 업무)이나 나왔다. 그런데 '과연 필요한가?'를 잣대로 뜯어보니 대략 30여 개로 정리된다. 수업 중심 체제로 업무를 재구조화한 기본 아이디어를 요약하면 다음과 같다.

- **업무 간소화 방향**
  - 업무별 성격 구분: 공통 업무 / 부서 업무 / 개인 업무로 구분
  - 현안 발생 시 시스템적 해결 절차: 문제 발생 → 노출(공론화) → 해결 (대안 마련)
- **업무 분장 우선순위 및 업무 체계 조정(2017년 기준)**
  - 부서 우선순위: 교과부서 ← 학년부서 ← 업무지원부서
    - 교과부서(5개): 교과업무 전담(수업과 평가의 개선)
    - 학년부서(3개): 학생부 관리, 학생 진로진학 상담
    - 업무지원부서(4개): 교육과정, 평가연구, 학생안전, 진로진학 업무
  - 교원의 업무 분장 형태
    - 교감(행정실무사): 총괄, 제규정 관리, 인사 업무 관리, 업무경감팀 운영
    - 교사: 교과 지도 + 담임 업무 혹은 지원 업무로 구분
- **특색 사업**: 대폭 정리 및 폐지(*절감 예산은 교과 운영 예산으로 전환)
- **위기학생 지원(3단계)**: 담임 교사 → 지원 협의회(교원, 전문가, 학부모) → 해결

이런 경감 노력에도 불구하고 한계는 있다. 기본적으로 교원에게 부과된 업무량(量)이 많기 때문이다. 그러나 재구조화를 통한 학교의 교육적 지향이 어디에 있는지 공감했을 때, 교실의 활기는 자연스럽게 수반되었고, 풍성한 수업 사례가 빠르게 산출되었다. 여기서 대다수 교사는 수업을 잘 하고 싶어 하며, 수업을 통해 교사로서의 자존감을 갖기

원한다는 사실을 분명하게 확인할 수 있다. 또한 일의 많고 적음을 떠나 학교장(교감)의 수평적 경청과 지원 마인드를 느꼈을 때, 학교의 문제를 함께 공감하며 해결하려 한다.

학교가 학생 선택을 존중하면서 예전보다 훨씬 많은 과목이 개설되고, 그에 따라 수업 준비 부담, 컨설팅을 통한 개선 노력, 매우 복잡한 시간표 운영 등 후속되는 번거로움이 적지 않지만, 그런 고충을 덮고도 남을 만큼 수업에서의 만족을 느끼고, 보다 발전된 교사상을 서로 협업하며 만들어 간다. 요컨대, 인천신현고의 교육과정 변화 노력은 교사가 일과 시간에 집중하도록 업무를 없애거나 줄여나가는 실천의 또 다른 면이라고 할 수 있다.

| 학교 시간 관리: 일과 및 학사일정

학생의 선택을 보장하고 수업에 전념하는 분위기 조성은 학교의 시간을 어떻게 관리하는가의 문제이기도 하다. 교육과정 편제(204단위)를 학생의 일과, 교사의 근무 시간, 그리고 학교의 연간 수업일수 안에 처리하는 게 생각만큼 간단하지 않다. 특히 과목 선택 폭이 넓어지면서 공강 시간이 발생하고, 수업이 학급 단위가 아닌 수강과목 클래스 개념으로 자리 잡아 가면서 더욱 그러하다.

시간의 관찰은 누수(漏水) 시간을 줄이기 위한 노력이라 할 수 있다. 원칙적으로 정규 일과 중에 모든 교육 활동을 수행하기 위해 그동안 관행적으로 흘려버리던 시간을 교과 및 창의적 체험 활동 시간으로 전환하고, 시간의 양과 질을 따져보면서 선택과 집중 여부를 판단하는 작업이다.

2017년에 연간 학사일정을 4분기로 구획하여 운영해 본 것도 그러한 모색의 과정이다. 교과는 연간 또는 학기별로 편제·운영되는 게 일반적이고 자연스럽지만 과목 특성, 교원 수급, 교육 활동 적합성, 원활한 선택권 보장, 실질적 교육을 위한 시간 확보 등의 상황을 감안하며 특정 시기(분기) 집중 이수를 검토해 보는 것이다. 그동안 우리 학교가 교실에서 수업이 활성화될 수 있는 여건을 만들기 위해 시도해온 사례를 정리하면 다음과 같다.

- **학교 일과 간소화 원칙**
  - 정규 일과: 원칙적으로 모든 교육 활동(교과 + 창의적 체험 활동) 수행
  - 기존의 각종 행사, 프로그램 등: 일과 중 교과 / 창체의 틀 속에서 운영
  - 방과 후 일과: 수요자 선택 원칙 준수(수익자 부담)
- **학사 일정(2017년 기준)**
  - 4계 휴업(봄 / 가을 중간고사 직후 10일, 하계 13일, 동계 61일 휴업)
    - 과목(교육 활동) 특성에 따른 분기별 집중 운영 가능성 검토 중
  - 학기별 이수단위(시수) 조정
    - 6개 학기별 교과 이수단위: 31 + 31 + 31 + 31 + 31 + 25단위
    - 주당 교과시수 운영(31시간): 월 7, 화 7, 수 6, 목 6, 금 5교시(주당 공강 가능 4시간 확보)
    - 창체(408시간): 전일제, 반일제, 시수제 병행(교과와 별도 시간계획 편성)

| 수업과 교사의 시간

교사와 학생은 하루의 대부분을 학교에서 수업으로 보낸다. 학생의 일과 7시간(점심시간 1시간 제외)은 학교의 교육과정 편제에 따라 진행되고, 그중의 90%는 교과 활동이다. 교사의 업무 8시간 역시 다르지 않다. 그런데 통상적으로 많은 학교가 교과 이외의 시간에 특색 활동

등 이런저런 프로그램 운영으로 분주하다. 낮에는 조용하다가 밤이 되면 동아리, 야간자율학습 등으로 활기를 띤다. 좋은 현상일까? 교육과정 외 활동이 너무 활성화되어 있다면 심각하게 재고해 봐야 한다.

학교는 교사와 학생의 시간을 가장 많이 차지하는 교과(수업)를 중심으로 운영되는 게 자연스럽다. 아래 표에서 굵은 실선으로 표시된 부분보다 더 비중을 두어야 할 영역이 있을까? 학생부종합전형에서 중요하게 취급되는 학교생활기록부도 교육과정 이외의 영역은 기재 자체가 불가하거나 설령 가능하더라도 의미 있는 기록이 어렵다. 인천신현고의 수업 변화는 전체 교원이 연수 때마다 아래 표를 바라보면서 시작되었다고 해도 과언이 아니다.

시간 구성	학교(☞교사와 학생은 하루 대부분을 학교에서 보냄)		학교 / 가정	가정
교육 장소	학교 내(※교사 근무 8시간)		학교 밖	
교육과정 편제	교육과정으로 편제된 활동 (※학생 일과 7시간)		교육과정 외 활동	
내용	교과(수업)	창의적 체험 활동	방과 후	교외 체험	개인
비율	180단위(90%)	24단위			

| 수업 재개념화와 수업 실천

수업을 어떻게 할 것인가? 예전에는 '입시 따로, 수업 따로'가 익숙한 관행처럼 여겨졌으나, 현행 입시 체제에서는 학생이 수업에 열심히 참여해야 한다. 학생이 칠판만 바라보고 있어서는 학생의 성취를 석차 등급으로 밖에 기술할 방법이 없다. 교사는 학생의 활동을 전제로 수업을 설계해야 하고, 학교는 그것이 가능하도록 여건을 뒷받침해야 한다. 우리 학교의 수업 관점을 요약하면 다음과 같다.

관점 1 일반고에서 제일 중요한 과제는 무엇인가?
학생의 성공적인 진로진학 지도

관점 2 성공적 진로진학을 위해 가장 집중해야 할 부분은?
학생 참여형 수업 개선

관점 3 수업의 성과 관리와 지원이 효율적으로 작동하는가?
부서 역할 재정립

아울러, 2016년 교과교육 모델학교로 지정되어 각 교과별로 새로운 개념을 적용하며 다양한 형태의 수업을 진행했고, 그 결과와 시사점을 다음과 같이 학교 규정으로 정리하여 지속성을 지닌 수업 풍토가 조성되도록 했다.

제17조 (수업) ① 모든 수업은 국가 또는 교육청 수준에서 제시(인정)하는 해당 과목의 교육과정을 근거로 하여야 한다.
② 수업은 성취기준, 이수단위 증감, 학생 수준과 관심 등을 근거로 교과를 재구성하여 지도하도록 한다. (※필요한 경우 교과의 내용 배열 순서와 비중, 방법 등을 재구성하여 지도함)
③ 수업은 내용에 따라 학교 이외의 장소에서도 진행할 수 있다.
④ 필요한 경우에 교과 담임 외에 타 교과 교사, 외부 인사[관련 전문가, 지역사회 인사, 강사(코티칭 포함), 명예 교사 등] 등을 지도에 활용할 수 있다.

⑤ 학기별 수업 시수의 25% 이상은 학생 참여형 수업 [3] 이 진행되도록 한다.

⑥ 수업은 단일 과목형, 교과목 간 융합형, 교과 및 창의적 체험 활동 연계형, 단원 간 연계(융합)형 [4] , 주제 중심형 등 다양하게 재구성하여 운영할 수 있다.

● 인천신현고 교육과정 운영 규정 제17조 ●

특히, 수업을 지도(teaching)에서 운영(managing)으로 재개념화하여, 교과부서별로 과목 운영 계획을 수립하도록 했다. 운영 계획은 학기 시작 전에 작성하게 되며, 다음 사항을 반드시 고려하여 반영했다.

- 주어진 시간을 어떤 활동 영역으로 구분할 것인가?
- 교과의 전개 순서와 각 진행별 시기는?
- 각 단원을 어떤 형태로 진행할 것인가?
- 수행평가 반영 방식은?
- 행사 및 활동의 교내상 연계 여부는?
- 교과 연계 독서 지도 방안은?
- 학생부 기재 방안은?
- 필요한 예산 소요액은?

---

3) 필요시 교과목의 전후 단원 간 융합, 순서 조정 등의 방법으로 운영함

4) 프로젝트 활동, 실기 실습(노작), 토의 토론, 온라인 연계, 교과 융합, 현지 체험(견학), 발표 등

❗ 나가며

　모든 학교는 부과된 교육적 과제를 주어진 조건(교육과정, 진로진학 환경, 각종 지침 및 지원 정책, 지역 여건 등) 하에서 노심초사하며 수행한다. 우리 학교는 그런 수많은 고등학교 중의 한 학교일 뿐이다. 학교들이 겪는 어려움을 동일하게 겪고 있고, 교사와 학생 모두 진로진학의 숨 가쁜 대열에서 자유롭지 않다. 다만, 우리 학교의 교육과정 편성과 학생 참여형 수업 사례에서 시사점을 제언한다면, 다음 몇 가지를 언급할 수 있겠다.

　첫째, 학교 여건(자공고, 교과교실제, 공자학당 등)을 최대한 취지에 맞게 활용했다. 특히 교과교실제를 학생의 과목 선택권을 넓히고, 참여형 수업을 활성화하는 지원 수단으로 적극 이해했다. 결과적으로 학생 중심, 선택권 확대 등이 관념적 이론이 아니라 학교 현장에서 실제 구현 가능함을 확인했다.

　둘째, 현행 대입 전형 방안에 충실을 기했다. 특목고나 자사고가 아닌 이상 수능 준비에도 충실해야 하지만 수시(학생부 전형)에 집중하는 것은 너무 당연하고, 그것의 요체는 학생이 참여하는 수업 운영에 있음을 거듭 확인했다. 2016년도 졸업생에 비하여 2017년도 졸업생의 대입 진학 실적이 질적·양적으로 향상된데서도 알 수 있다.

　셋째, 학생의 역량을 중시했다. 기초교과(국,영,수)가 여전히 중요하지만, 현행 교육과정에서는 그 비중이 50% 이내이다. 나머지 50%는 학생의 흥미, 진로희망, 적성 등을 충분히 고려해야 하고, 활성화할 수 있는 전략을 최대한 구사해야 한다. 제2외국어, 창업, 과제연구, 교양 등을 폭넓게 제시했고, 그 결과 2016학년도 전국 100대 교육과정 최우수교로 선정될 수 있었다.

넷째, 교과 중심으로 학교 교육이 진행되었을 때, 업무 경감의 효과와 함께 교육 예산이 매우 바람직하게 사용되는 결과를 확인했다. 기존 교과 외 각종 특색 활동에 집중할 때는 결과적으로 일부 학생들에게 쏠림 현상이 있었는데, 교과 중심 운영이 자리 잡게 되자, 모든 학생들에게 고르게 사용되는 효과가 나타났다.

학교는 언제나 어려웠다. 과거는 과거대로, 지금은 지금대로, 앞으로도 계속 그럴 것이다. 그렇다고 교육을 포기한 적은 한 번도 없다. 다만, 요즈음 일반고 교실의 위기는 학생들이 가혹한 삶의 대열 속으로 아무런 대책 없이 앞만 보고 따라가도록 방치하는 형국이 아닐까 하는 염려와 조바심을 갖게 한다.

우리 학교의 사례를 통해 제안하고 싶은 것은 위기를 바깥에서 찾기보다 당장 내 교실을 돌아보고 '무엇을 할 것인가?' 스스로 물어 보자는 것이다. 그리고 당사자(학생, 교사)의 필요를 기준으로 뭔가 답을 찾아보자는 것이다. 학생은 A를 원하는데, 학교가 B를 제공하면 교실은 학생에게 아무런 의미가 없다. 비록 단위 학교의 수준에서 일정한 한계가 있고, 이런 저런 위기는 항상 있지만, 작게라도 꿈틀거릴 때 교실이 움직이고, 그 안에서 교사와 학생이 함께 성장하는 모습을 분명히 확인할 수 있다.

※ 한국교육개발원, 2017년 제3회 교육정책네트워크 행복교육 현장토론회(CRM 2017-64-03, 2017.6.27.), 한국교육정책연구소/경기도교육청 주최, 2017 현장교원중심 교육과정 거버넌스 제1차 포럼(2017.9.26.), 교육부 주최, 2017 고교 학점제 시도교육청 업무담당관 워크숍(2017.12.20.)에 기고한 글을 추가 보완한 것임

2

 기초수학

안영란

샘!
저 이제 수학 시간에
안 졸아요!

！ 수학 교사로서의 고민

"초등학교 때 분수가 나오는 순간 수학을 포기했어요."

수학 교사인 내 앞에서, 더구나 나는 학생부장인데 아무렇지도 않게 이렇게 말하는 아이가 있다. 덩치는 나의 두 배쯤 되면서 어쩌다가 복도에서 마주칠 때는 "선생님, 보고 싶었어요."라고 애교를 부리는 아이이지만 수업 시간만 되면 쥐구멍이라도 찾는지 책상과 밀착하는 자세를 보이는 녀석이다. 수학 교사로서 이런 아이들을 만나 방학을 맞이한 횟수가 50여 번이 넘는다. 이 아이들에게 수학의 기초적인 교육기반을 어떻게 회복시켜주어야 할 것인가 고민하면서 말이다.

"선생님! 수학은 왜 배워요?", "수학을 어디에 써먹어요? 계산만 잘하면 되잖아요."라는 질문을 받을 때, 대학을 가기 위한 중요한 과목이기 때문에 어쩔 수 없이 해야 한다고 말하는 것은 왠지 수학을 모욕하는 것 같아 망설인다. 그저 수학이 친근한 과목으로 인식되기를 바라며 웃는 얼굴로 아이들의 질문을 넘기고 '수학을 왜 알아야 하는가?'에 대한 답은 제대로 해주지 못한다.

❗ 다른 세상을 사는 아이들!

처음 발령을 받아 중학교 수학 교사로 교직에 발을 들이고 현재 고등학교에서 근무하는 동안 아이들이 어렵게 느끼는 부분을 아이들의 눈높이에 맞게 원리를 설명해줄 때면 '시작을 중학교에서 하길 잘했구나!' 하고 느낄 때가 있다. 하지만 어릴 때부터 누적된 학습 결손으로 수학을 끔찍히 싫어하는 아이들을 만날 때면, 또 바로 전날 공부한 내용을 다음 시간엔 깔끔하게 머릿속에서 지우고 처음 접하는 듯한 순진한 얼굴로 나타나는 아이들을 만날 때면 고민을 하지 않을 수가 없다.

수업을 위해 교실에 들어가면 여학생임에도 고등학교를 오기 전 운동을 하던 짧은 머리를 한 아이들 몇몇이 눈에 띈다. 운동을 하느라 공부를 등한시 했던 아이는 누적된 학습 결손으로 현재의 수학 수업을 따라오기가 어렵다. 이런 아이들을 어떻게 수업에 끌어들일 것인가?

"그래도 대놓고 엎드리는 건 아니지 않니? 똑바로 앉아봐."

"선생님 죄송해요. 선생님은 좋은데 수학은 싫어요."

"그래도 이렇게 대놓고 엎드리면 나를 무시하는 거 같아서 나도 기분이 좋지 않아. 자. 나랑 같이 한 번 해보자."

"선생님, 다음 시간부터 할께요."

"오늘부터 해보자."

"죄송해요. 음냐 음냐."

이런 대화를 몇 번이고 했던 기억이 난다. 이 기억을 되살리면서도 그때 그 절망감에 쉬던 한숨이 다시 쉬어진다.

! 새로운 수학교육의 세계!

2015 개정 교육과정은 미래를 살아갈 인재에게 필요한 다양한 교과 핵심역량을 강조하고 있다. 수학적 소양과 힘을 기르기 위해서만 아이들에게 수학교육이 필요한 것이 아니다. 수학적 지식을 습득하는 것을 넘어서 자기가 알고 있는 지식을 남에게 이해시키고 설득력 있게 주장하고, 다른 사람의 생각을 이해하고 해석하는 것도 중요하다.

즉 수학교육을 하는 주된 목적은 수학적 사고력을 계발하여 일상생활의 여러 문제를 해결할 수 있도록 해야 하는 것이다. 이를 위한 방법으로 수학 수업에서는 문제풀이가 많이 통용되고 있지만 이 때문에 아이들이 수학에 대한 흥미와 자신감을 잃는다면 학습으로서의 큰 효력이 있다고 볼 수 없다. 그래서 '어떻게 하면 문제를 잘 풀 수 있을 것인가?'가 아닌 '어떻게 하면 아이들이 수학에 흥미를 느끼게 할 것인가?'를 고민하며 수학에 대한 흥미를 잃지 않도록 수학 수업을 해야 할 것이다.

! 체험을 통한 즐거운 수학 수업

고등학교 3년 동안 수학을 놓지 않고 공부하기 위해서는 신입생 때부터 제대로 된 수학교육이 필요하다는 생각이 들었다. 그래서 2017년 본교에서는 신입생을 대상으로 기초수학을 개설하여 순수 희망을 받아

보았다. 고등학교에 올라오면 수학 I부터 배워야 하지만 중학교에서 배우는 내용에 대한 기초가 없이는 따라가기 힘들기 때문에 증배로 편성하여 희망에 따라 선택하게 했다. 정규 수업 시간 이외에 추가로 선택한 수업이라 일과 후에 이루어질 수도 있다는 점도 함께 안내했다. 그럼에도 불구하고 의외로 20여 명에 가까운 학생들이 신청했다. 새로운 마음으로 고등학교에 들어왔는데 수포자는 되기 싫고 기초가 부족한 중학교 수학부터 차근히 복습하여 반드시 수학을 잘 해보겠다는 의지가 보였다. 이 아이들에게 수학 시간에 수학의 즐거움을 느낄 수 있도록 해야겠다는 생각으로 수업을 준비했다.

고등학교 1학년 1학기 수학 과목인 수학 I은 중학교 3학년 수학 내용과 많은 공통 부분이 있다. 중학교 수학 내용이 자신 없는 아이들에게 중학교 수학 수업만 복습하면 현재의 고등학교 수학 수업을 공부하는 시간이 줄어들어 또 다시 어려움을 겪게 되니 차라리 현실적으로 고등학교 1학년 수학 I과 연계된 부분을 다시 알려줘 보자는 생각을 했다.

다행히 수학 I을 지도하여 진도를 정확하게 알고 있으니 수학 I 수업을 들어가기 전에 필요한 중학교 내용만 골라서 수업하여 아이들이 자신 있게 참여하도록 했다. 그리고 수학을 못한다고 자신 없어 하는 아이들에게 할 수 있다고 격려해주고 지지해주는 교사가 되어 학생이 배움을 주도할 수 있도록 수업 방식을 바꾸어보기로 했다. 그래서 내린 결론은 '수학을 놀이로 자연스럽게 관심을 가지게 하여 참여하는 방법을 찾아보자.'였다.

중학교 교실 수업 개선에 관한 자료들을 찾아 보았다. 그리고 거기에서 고등학교 수학 수업과 연계된 부분만 찾아서 교육과정을 재구성했다. 놀이와 반복적인 연습으로 고등학교 수학 수업 시간에 참여할 수 있는 방법을 찾아보는 가운데 연구하고 체험하는 수학교사연구회에 가입해서 자료들을 받아볼 수 있었다.

학생의 선택을 중심으로 과목을 편성하여 운영하는 우리 학교에서는 기초수학 수업을 정규 수업 시간으로 배정하기 어려웠다. 그래서 정규 수업 시간이 끝난 후에 수업을 진행할 수밖에 없었다. 그래도 아이들은 이 수업을 기대하고 있었다. 아이들을 불러서 과목에 대한 안내를 미리하고 보통 교실보다는 작은 수학 디딤돌 교실에서 활동과 체험 위주의 수학 수업을 진행했다. 아이들이 즐거워했다. 물론 다른 아이들이 수업하지 않는 시간에 수업하는 것이 싫은 아이들은 종종 수업을 빠지기도 했다. 하지만 생각보다 많지는 않았다. 이것이 마음의 위안이 되고 수업을 계속해 나갈 수 있는 힘이 되었다.

처음에는 다음 예시처럼 수학과는 동떨어진 듯한 문제들을 고민해 보는 시간으로 시작했다.

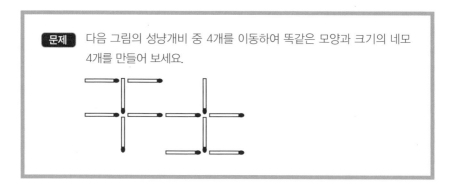

문제 다음 그림의 성냥개비 중 4개를 이동하여 똑같은 모양과 크기의 네모 4개를 만들어 보세요.

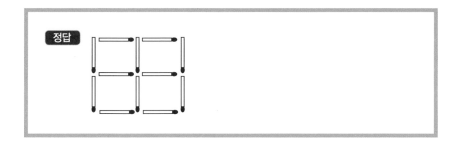

다음으로 중학교에서 배운 정수 개념을 짚고 넘어가기 위해 절대값의 개념을 넣어 이기는 전략을 생각해 보는 게임 활동도 했다.

문제

우리는 두 수에 대한 두 가지 사실만 알면 크기를 비교할 수 있습니다. 게임 활동을 통하여 그 두 가지 사실이 무엇인지 알아봅시다.

친구와 둘이서 수 맞추기 게임을 해 봅시다. 한 친구가 −9부터 +9까지의 정수 중에 하나를 마음속으로 생각합니다. 상대방은 친구에게 '0보다 큰가요?' 또는 '0보다 작은가요?'라는 두 가지 유형 중 하나로만 질문할 수 있고, 친구는 '네', '아니오'로만 대답할 수 있습니다. 그리고 모두 세 번의 질문이 끝난 후엔 친구가 생각한 수를 맞추어야 합니다.
게임을 2회 이상 진행합니다.

1. '+2보다 큰가요?'란 질문에 친구가 '네'라고 대답했다면 친구가 생각한 정수는 무엇인지 말해봅시다.
2. 당신이 질문하는 친구라면 두 번째에 어떤 질문을 던질 것이며, 그 이유는 무엇인지 정리해봅시다. (※친구들과 질문에 대해 의견을 나눠보세요.)
3. 만약 질문의 유형을 '절댓값이 '0'보다 큰가요?' 혹은 '절댓값이 '0'보다 작은가요?'로 정했다면 친구가 생각한 수를 맞출 수 있을지 토론해봅시다.
4. 친구가 생각한 수를 맞추기 위한 첫 질문으로 가장 좋은 질문은 무엇인지 생각해보고 친구들과 토론 후 그 결과에 대해 발표해봅시다.

그리고 다음에는 고등학교 수학 I 의 부등식을 들어가기 전에 중학교 내용을 놀이를 통해 확인하고 그 개념을 확장하게 도와주는 수업도 진행했다.

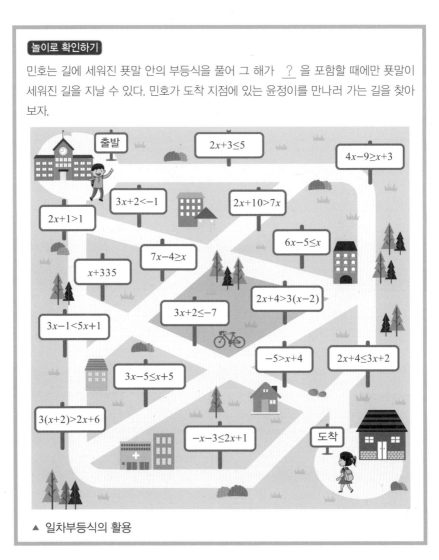

놀이로 확인하기

민호는 길에 세워진 푯말 안의 부등식을 풀어 그 해가 __?__ 을 포함할 때에만 푯말이 세워진 길을 지날 수 있다. 민호가 도착 지점에 있는 윤정이를 만나러 가는 길을 찾아보자.

출발

$2x+3\leq5$

$4x-9\geq x+3$

$3x+2<-1$

$2x+10>7x$

$2x+1>1$

$6x-5\leq x$

$7x-4\geq x$

$x+335$

$2x+4>3(x-2)$

$3x-1<5x+1$

$3x+2\leq-7$

$-5>x+4$

$2x+4\leq3x+2$

$3x-5\leq x+5$

$3(x+2)>2x+6$

$-x-3\leq2x+1$

도착

▲ 일차부등식의 활용

고등학교 수학 수업을 따라가기 위한 개념 확인이 필요할 땐 중학교 거꾸로 교실 자료도 찾아보았다. 연구하고 체험하는 수학교사연구회의 자료들이 크게 도움이 되었고, 또 질의를 통해 많은 도움을 받을 수 있었다.

그리고 수학Ⅰ 도형의 방정식 도입에 필요한 피타고라스의 정리를 확인하기 위한 틱택토게임, 그리고 놀이로 확인하기 활동으로 고등학교 수학과 중학교 수학을 연계해 보았다.

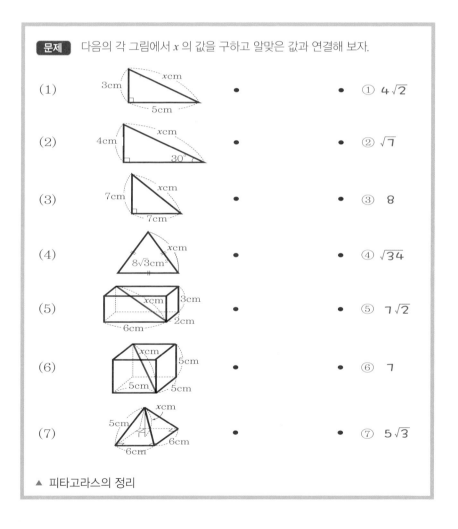

문제 다음의 각 그림에서 x 의 값을 구하고 알맞은 값과 연결해 보자.

(1) 3cm, $x$cm, 5cm
(2) 4cm, $x$cm, 30°
(3) 7cm, $x$cm, 7cm
(4) $8\sqrt{3}$cm², $x$cm
(5) $x$cm, 3cm, 6cm, 2cm
(6) $x$cm, 5cm, 5cm, 5cm
(7) $x$cm, 5cm, 6cm, 6cm

① $4\sqrt{2}$
② $\sqrt{7}$
③ 8
④ $\sqrt{34}$
⑤ $7\sqrt{2}$
⑥ 7
⑦ $5\sqrt{3}$

▲ 피타고라스의 정리

아이들에게 수학 체험 활동을 통해 수학이 교과서 속에서만 존재하는 죽은 지식이 아니라 일상에서 공존하는 즐거운 지식으로 만날 수 있도록 했다. 일상에서 일어나는 현상에 관심을 갖고 궁금증을 해결하는 데 수학이 필요하다는 것을 조금씩 느끼기 시작했다. 수학 체험 활동은 아이들에게 수학에 대한 흥미 향상, 수학에 대한 필요성과 인식 향상에 긍정적인 영향을 미친다는 연구 결과도 있다.

1학기를 마무리하는 꿈·끼 주간에 수학교육부에서는 수학 체험 부스 활동을 기획했다. 학생들이 수학에서 배운 것을 바탕으로 부스를 운영하면 친구들이 체험을 할 수 있는 활동이었다. 그 날 기초수학을 함께 했던 아이들을 유심히 살펴보았다. 도장을 받아야 수업 출석을 인정받는 활동에서 더 이상 예전처럼 어쩔 수 없이 억지로 하는 모습은 찾아볼 수 없었다. 많은 호기심과 흥미를 가지고 이곳 저곳의 부스를 옮겨다니는 아이들 중의 하나가 나를 보더니 달려와서 자랑스럽게 말했다.

"선생님. 저 이제 수학 시간에 안 졸아요!"

단원명	성취기준	차시계획 예정/누적	수업방법	창의인성 요소	지필고사 (70%)	논술 (서술형)	독서	프로젝트
수와 식의 계산	1111-1. 제곱근의 뜻을 알고, 근호를 사용하여 제곱근을 나타낼 수 있다.	1/1	강의식	열정	○			
	기수1111-2. 제곱근의 성질을 이해한다.	1/2	강의식	열정	○			
	기수1112. 무리수의 개념을 말할 수 있다.	2/4	강의식, 탐구활동	정교성	○			
	기수1113. 근호를 포함한 식의 사칙계산을 할 수 있다.	1/5	강의식	정교성	○			
	기수1121. 다양한 상황을 문자를 사용한 식으로 간단히 나타낼 수 있다.	1/6	강의식, 탐구활동	의사소통능력	○		○	
	기수1122. 식의 값을 구할 수 있다.	1/7	강의식	의사소통능력	○		○	
	기수1123. 일차식의 덧셈과 뺄셈을 할 수 있다.	2/9	강의식	의사소통능력	○			
	기수1131. 지수법칙을 이해한다.	2/11	강의식	유추성	○			
	기수1132. 다항식의 덧셈과 뺄셈을 할 수 있다.	2/13	강의식, 탐구활동	유추성	○			
	기수1133. (단항식)×(다항식), (다항식)÷(단항식)을 할 수 있다.	2/15	강의식	이해	○			○
	기수1134. 다항식의 곱셈의 원리를 이해하고, 그 계산을 할 수 있다.	1/16	강의식, 탐구활동	이해	○			○
	기수1135. 인수분해의 뜻을 알고, 인수분해를 할 수 있다.	1/17	강의식, 탐구활동	공감	○			○
방정식과 함수	기수1211-1. 다양한 상황을 이용하여 일차방정식과 그 해의 의미를 이해한다.	1/18	강의식	공감	○			○
	기수1211-2. 일차함수의 뜻을 안다. 기수1212-1. 순서쌍과 좌표를 이해한다.	1/19	강의식	유창성	○		○	
	기수1212-2. 일차함수의 그래프의 성질을 이해하고, 일차함수의 그래프를 그릴 수 있다.	1/20	강의식	유창성	○			
	기수1213. 등식의 성질을 이해하고 일차방정식을 풀 수 있다.	1/21	강의식, 탐구활동	유창성	○			○
	기수1214. 부등식의 성질을 이해하고 일차부등식을 풀 수 있다.	1/22	강의식	유창성	○			○
	기수1215. 미지수가 2개인 연립일차방정식을 풀 수 있다.	2/24	강의식, 탐구활동	유창성	○			○
	기수1216. 연립일차부등식을 풀 수 있다.	1/25	강의식	실천적 문제해결능력	○			○
	기수1221/1222. 이차방정식의 뜻을 알고 이차방정식을 풀 수 있다.	1/26	강의식, 탐구활동	실천적 문제해결능력	○	○		
	기수1223. 이차함수의 뜻을 안다.	1/27	강의식	어휘의 풍부성	○	○		
	기수1224-1. 이차함수 $=ax$ 의 그래프를 그릴 수 있다.	1/28	강의식	즐거움	○	○		○
	기수1224-2. 이차함수의 그래프의 성질을 이해한다.	1/29	강의식	즐거움	○		○	
	기수1225. 이차함수의 최댓값, 최솟값을 구할 수 있다.	1/30	강의식, 탐구활동	즐거움	○		○	
피타고라스의 정리와 삼각비	기수1311. 피타고라스 정리를 이해한다.	1/31	강의식	즐거움	○			
	기수1312. 평면에서 두 점 사이의 거리를 구할 수 있다.	1/32	강의식	즐거움	○			
	기수1313. 피타고라스 정리를 활용하여 여러 가지 문제를 해결할 수 있다.	1/33	강의식, 탐구활동	즐거움	○		○	
	기수1321. 삼각비의 뜻을 알고, 간단한 삼각비의 값을 구할 수 있다.	1/34	발표	즐거움	○		○	
	기수1322. 삼각비를 활용하여 실생활 문제를 해결할 수 있다.	1/35	발표	즐거움	○		○	
	2차고사							

프로젝트, 수학과제연구체험전, 수학진로특강, 수학부스체험전

▲ 기초수학 연간지도계획

3

국어 I

김기연

멋대로 길을 만들어 마음껏 수다를 떨어보자.

💡 멋대로 '길'을 만드는 사람

한 TV 프로그램에서 어느 교수가 "현재 교육은 잘 만들어진 지도를 분석하여 최단 거리로 목적지에 도달하는 방법을 가르쳐 준다. 최단 거리를 찾아 목표에 도달하는 학생을 우수하다고 하지만 이 학생들이 정작 사회에 나가면 아무도 지도를 주지 않는다. 우리 아이들이 살아갈 미래 사회에서는 실패를 두려워하지 않고, 배움을 즐기며 지도를 그릴 수 있는 능력이 필요하다."고 말했다. 기성세대가 이룩한 성과나 지식을 학생들에게 전수하는 기존의 교육 방식으로는 예측 불가능하고 급변하는 미래 사회에서 적응하기 어렵다는 말도 덧붙였다. 아이를 여러 사람과의 경쟁에서 이기기 위해 혼자 트랙을 달리는 단거리 선수로 만들지 말고, 스스로 생각하여 뛰기도 하고, 걷기도 하고, 트랙에서 벗어나 거꾸로 가거나 여기저기 둘러보기도 하고, 그러다 길이 막히면 다른 사람에게 도움을 요청해 함께 길을 만들어 나갈 수 있는 '멋대로' 문제를 해결할 수 있는 사람으로 만드는 것이 오늘날 교육의 과제인 것이다.

미래 사회에 적응하며 살아갈 수 있는 능력을 키우기 위해 2015 개정 교육과정은 '지식 위주의 암기식 교육'에서 '배움을 즐기는 행복한 교육'으로 전환하여 핵심 개념, 원리 중심으로 학습 내용 적정화, 학생 중심 교실 수업 개선이라는 지향을 갖고 있다. '학습자들이 수업을 통해 무엇을 알아야 하는가'에서 '학습자들이 수업을 통해 무엇을 할 수 있는지, 무엇을 생각해 내고 만들 수 있는지'와 같은 학습자의 역량을 신장시킬 수 있는 수업으로 방향을 바꿔야 한다는 의미이다.

학생들이 고등학교 교육이 끝나도 입시를 위한 수업이 아닌 문해력을 가진 독자로서, 상호 협력적 의사소통이 가능한 시민으로서, 능동적으로 작품을 감상하고 생산할 수 있는 성인으로서 자랄 수 있도록 실습하고 경험하는 시간이 고등학교 국어 수업의 모습이 된 것이다. 이러한 역량을 키우기 위해 우리 학교에서는 2014년부터 학생 중심 수업을 준비하는 시기로 잡고 2016년부터는 전체 수업의 40% 정도를 학생 중심 수업으로 운영하라는 학교 지침이 내려왔다. 교과 협의도 국어과 사업, 각종 평가에 대한 내용이 아닌 교육과정 재구성, 평가 계획 수정 등 '수업 방법 개선'에 초점을 맞춰 진행되었다.

❗ 수다스러운 교사가 수다스러운 학생을 만든다

수업 방법 개선과 교육과정 재구성은 교사 혼자 할 수 없다. 교과 협의회가 내실 있게 이뤄져야 하고, 협의회는 교사들의 아이디어로 시끌

시끌해야 한다. 그런데 우리의 현실은 그렇지 못했다. 수업 준비, 학생 상담, 각종 행정 업무를 하다보면 어쩌다 찾아오는 여유 시간은 금쪽같이 소중하다. 이럴 때 꼭 교과 협의회가 열린다. 교과 협의회가 열린다는 메시지를 읽으면 '제발 회의 좀 그만 하자.'라는 생각이 든다. 이런 마음을 알기에 교과 협의회를 준비하는 입장이 되었을 때 어떻게 하면 교과 협의회가 괴롭고 불필요한 시간이 되지 않고 즐거울 수 있을지 고민했다. 그래서 교과 협의회 시간을 업무가 아닌 휴식 시간으로 생각할 수 있도록 간식을 다양하게 준비하고, 회의 운영도 업무 관련보다는 자유로운 대화를 할 수 있도록 했다. 그러면 다음과 같은 장면이 펼쳐진다.

선생님들이 모인다. 간식을 먹으며 서로의 근황을 묻고 소소한 이야기를 하며 동료애를 다진다. 시간이 흐르자 자연스럽게 학생 이야기, 수업 이야기로 대화의 방향이 바뀐다. 누군가 야심차게 준비했다가 실패한 수업 이야기를 한다. 듣고 있던 선생님이 수업에 잘 따라오지 않는 아이들을 함께 욕(?)해주며 격려를 해 준다. 어떤 선생님은 문제 해결을 위한 아이디어를 말해 준다. 슬쩍 교과 행사에 대한 이야기를 한다. 행사에 대해 다양한 이야기를 나눈다. 다과를 먹으며 했던 수다가 결국 수업 개선을 위한 교과 협의회가 되는 놀라운 경험을 한다.

⚠ 교육과정 재구성은 수시로

학기가 시작되기 전 국어과 운영 계획이 수립되어야 한다. 그동안의 교직 경험으로 봤을 때 이런 서류는 작년 것을 복사해서 붙여 결재 받고, 1년 동안 들여다보지 않는다. 형식적인 서류인 것이다. 그런데 학교가 수업 중심, 교과 중심으로 운영되면서부터 이 서류 작업은 실제 수업과 맞닿은 수업과 평가의 설계가 되었다. 이를 위해 방학 전, 방학 중 끊임없이 교과 협의가 진행되었다. 교육과정 재구성을 학기마다 하여 교과 교육과정 운영 계획을 연간 계획 1부, 2학기 계획 1부, 최소 2회로 교육과정 결재를 받는다. 한 학기 동안 운영하며 시행착오를 겪고, 이를 2학기에 수정하여 운영하고, 1년 운영했던 경험을 바탕으로 매해 새로운 평가 계획과 수업 운영 계획을 만든다. 성취기준에 맞는 수업 운영과 평가를 위해 고민하고 협의하는 것이다. 연간 운영 계획과 학기 운영 계획을 수립하였다고 끝난 것은 아니다. 단원마다, 차시마다 선생님들은 보다 나은 수업을 위해 틈틈이 협의회를 한다.

⚠ 수다스러운 독자들이 만드는 문학 살롱 – 문학 작품 속 의미는 우리가 발견한다

한 아이가 대표로 지문을 읽으면, 교사가 작품을 실용문처럼 각종 정보를 알려준다. 교사가 알려주는 대로 감상하고 더 이상 작품에 대해 의문 나는 것은 없다. 그러나 문학 작품은 독자의 상황에 따라 여러 가지 의미로 독자에게 다가올 수 있다. 기성세대의 시각으로 작품 해석을 강요하면 안 되는 것이다. 작품이 아이들에게 의미 있게 다가가려면 일단 작품을 반복적으로 읽도록 해야 한다. 아이들이 원해서 반복적으로 읽을 수 있도록 유도하기 위해 고민을 했다.

해마다 인천광역시 고등학교 국어교과연구회에서 '독서 체험 한마당'이라는 행사를 운영한다. 학생 인솔로 행사에 참여해 보니, 대회 프로그램 일부인 '창의독서발표대회'를 소설 수업 시간에 적용해 보고 싶어졌다.

과목	국어 I	
단원(주제)	3. 작가의 개성에 공감하다 (2) 겨울 나들이(박완서)	
성취기준	31014. 글의 의미를 구성하는 사고 과정으로서 독서의 특성을 이해한다.	
구분	학습 내용	학습 형태
1~3차시	모둠별 작품 읽기 모둠 토의, 학습지 풀기	모둠 활동
4차시	주제 선정하기 발표 형식 결정하기(PPT, UCC, 연극, 그림자극 등) 모둠원 역할 분담하기	모둠 활동
5~7차시	발표 자료 만들기(교실 밖 활동) 7차시 완성 작품 제출	모둠 활동
8~9차시	작품 발표하기	모둠 활동

먼저 4명을 한 모둠으로 구성하고 모둠별로 책을 읽는다. 다른 모둠에 피해가 가지 않을 정도의 목소리로 글을 읽는다. 작품을 다 읽고, 내용 이해 학습지를 푼다. 학습지는 단답형(20%), 서술형(80%)으로 교사

가 작성한다. 답을 찾기 위해 작품을 반복적으로 읽고, 인물이나 사건에 대해 이해가 가지 않는 부분은 친구들에게 묻는다. 이때 아이들은 학습지에는 없는 깊이 있는 질문을 끌어내어 토의를 하는 경우도 종종 있다. 아이들이 작품에 대해 호기심을 가지고 질문하고, 어설픈 대답이 오가는 그 시간. 질문이 생뚱맞을 때, 대답이 엉뚱할 때, 사건에 몰입해서 과하게 반응하는 친구의 표정을 보고 터지는 웃음들. 바로, 이런 장면이 보고 싶어서 모둠 토의 형식으로 문학 수업을 운영했다. 한 단계 발전시킨다면, 학습지를 학생들의 질문으로 만드는 것도 좋은 방법이다. 학생들이 작품을 통해 알게 된 점을 문제로 만들거나, 인물이나 사건에 대해 토의하고 싶은 거리를 질문지로 만든다면 더 훌륭한 학습지가 될 것이다.

모둠 토의 시 교사는 모둠을 돌며 아이들의 질문이 좀 더 깊어 질 수 있도록 유도하며, 아이들이 잘못 이해하고 있을 때 방향을 잡아 주는 역할을 한다. 모둠별 토의가 끝나면 교사는 소설의 큰 흐름만 짚어 준다. 교과서 본문 학습이 끝난 후 '이 소설이 우리에게 주는 의미'라는 가주제를 주고 모둠별로 다양한 주제를 선정하도록 한다. 그리고 창의적으로 작품을 재구성하는 활동을 제시하고 매 시간 모둠 활동 진행 보고서를 작성하게 하여 중간 평가를 진행했다.

- 학생들이 선정한 주제: 여성들은 전쟁에서 어떤 역할을 했을까?

  남성 위주의 전쟁 기록 비판, 고부 관계에 대한 사회적 편견, 한국 전쟁 피난민의 아픔, 이산가족의 아픔, 여행을 통해 가족 간의 갈등 해결(여로형 구성), 가족을 위해 헌신하는 여성의 삶 등

ucc, 연극, 인형극, 시사 프로그램 방식 등 모둠이 선정한 주제가 잘 드러날 수 있는 발표 방식을 선정한다. 발표 준비를 위한 모든 활동은 수업 시간 안에 이뤄져야 하기 때문에 내용보다 형식에 치중하거나, 무리하게 계획을 세워 수업 시간에 작품을 완성하지 못할 경우 감점임을 알린다. 발표 방식이 정해지면 대본을 작성하고 연습 및 촬영을 한다.

이 활동이 과제가 되지 않으려면 수업 시간에 교실 밖으로 이동할 수 있어야 한다. 교사는 아이들에게 안전 교육을 실시하고, 학생들이 활동할 때 다른 수업에 지장이 가지 않도록 주의할 것을 당부한다. 교실 밖으로 이동할 모둠은 이동 장소를 칠판에 적고 장소를 옮길 때마다 교실에 와서 교사에게 알린다. 교사는 아이들이 활동하는 장소를 계속 둘러보며 아이들의 활동을 지도하고(칭찬과 웃음), 안전을 살핀다. 토의의 수준을 수시로 점검하여 아이들이 좀 더 깊이있게 작품을 표현할 수 있도록 질문하고 아이들의 생각을 이끌어 낸다. 모둠 발표를 했을 경우 교사평가와 상호평가를 운영했다. 우수작은 학기 말 '꿈 · 끼 주간'에 운영하는 '창의독서발표대회' 본선에 참가할 수 있는 자격이 주어진다.

❗ 꿈으로 모이고, 모여서 연구하는 '진로 모둠 활동'

한국 단편 소설을 애니메이션으로 만든 감독의 토크 콘서트에 참가한 적이 있었다. 감독은 원작을 최대한 살리기 위해 먼저 단편 소설을 필사한다고 했다. "작품을 필사하면 작가가 인물의 어떤 면을 부각시키고자 했는지, 이때 배경은 어떻게 표현해야 하는지 느낌을 얻게 된다. 특히 '봄봄(김유정)'에서 한국적인 '봄'을 표현하기 위해, 시대상을 반영하며 인물의 성격이 한 번에 드러날 수 있도록 캐릭터를 만들기 위해 소설을 반복적으로 읽었다. 그리고 스텝들과 소설을 소재로 끊임없이 대화를 한다."는 감독의 말을 듣고 보니 아이들에게 자신의 진로와 흥미에 맞는 활동을 만들어 준다면 아이들도 스스로 작품을 읽고 의미를 생각하고, 작품이 주는 의미를 제대로 표현하기 위해 반복해서 읽고, 토의할 것이라 생각했다. 그래서 이번에는 모둠을 학생들의 진로와 흥미에 맞게 자율적으로 구성하라고 했다.

과목	국어 I	
단원(주제)	6. 문학이라는 예술 (2) 메밀꽃 필 무렵(이효석)	
성취기준	310116-2. 문학이 생산되고 수용되는 사회적 소통 과정에 대해 설명할 수 있다.	
구분	학습 내용	학습 형태
1~3차시 작품 이해	• 진로 희망에 따라 모둠 구성(4인~5인) (캐릭터 연구, 배경 연구, 콘텐츠 개발, 문학 연구) • 수업 방법 안내 • 본문 이해하기(모둠 책 읽고 내용 이해, 단어 이해)	모둠 활동
4~5차시	• 주제별 작품 분석 보고서 작성 • 발표 자료 만들기	모둠 활동
6차시	자료 발표 및 평가	모둠 활동
	교과 교실에 작품 전시	

콘텐츠 개발	캐릭터 연구	배경 연구	문학 연구
• 문학 작품을 콘텐츠로 한 사업 찾아보기 • 소설 활용 콘텐츠 개발 사업 계획서 작성하기	• 등장인물의 이름(호칭), 외모, 성격, 처지, 소망, 삶이 드러난 부분 찾아 정리 • 인물의 특성이 잘 드러나도록 캐릭터 그리기 • 인물 설명하기	• 구성 단계 나누기 • 단계별 배경 분석하기(장소, 분위기, 소설에서의 역할, 묘사) • 인물의 심리와 배경의 관계 분석 • 주요 장면 그리기	• 학습 활동 문제 풀기 • 소설을 배반한 작가라고 평가한 이유 토의하기 • 이 소설이 가치 있는 이유 토의하기(인터넷 자료, 전문가의 의견이 아닌 모둠의 의견으로 정리할 것)
• 학생 활동 예 메밀꽃 필 무렵 문학 체험관 • 인테리어 예 메밀 베개, 메밀꽃 벽지 및 카페트, 달빛 조명, 주인공 얼굴을 담은 옷장	봉평 제일가는 미녀 동이 어머니, 얼금뱅이 허생원 – 인물 묘사 부분을 찾고 이들의 소망을 정리한다.	가장 인상 깊은 장면 그리기 – 아이들은 물레방앗간과 메밀꽃 밭을 그릴 때 달빛을 묘사한 부분을 반복해서 읽었고, 이것을 표현하기 위해 몇 번이고 수정을 했다.	문학 신문, 작품 홍보물 만들기 등

‘콘텐츠 개발’, ‘캐릭터 연구’, ‘배경 연구’, ‘문학 연구(학습 활동 문제 풀기)’로 모둠을 구성하고 모둠별로 작품을 읽고, 학습지 및 지문 이해 문제를 함께 푼다. 모둠별로 주제에 접근할 수 있도록 학습지를 다르게 만들어 제공하고 자신들의 주제에 맞게 책을 읽고 이해하지 못하는 부

분을 반복해서 읽으려는 시도를 했다.

문학 연구를 하는 모둠은 주로 이효석의 생애와 문학 세계, 학습 활동 문제를 풀고 이를 신문 형태로 만들었다. 그 중 한 모둠은 이 작품이 고등학교 교과서에 실린 이유를 이렇게 설명하고 있다.

> 우리는 이 작품이 고등학교 교과서에 실린 이유에 대해 생각해 봤다. 광복이나 일제 강점기와 같은 역사적 의미를 가지고 있는 것도 아니고 그냥 물건을 파는 허생원의 추억 이야기를 무슨 의미가 있다고 실었을까? 전문가들은 이 작품의 주제와 몇 개의 장면에 의미를 부여한다. 하지만 이 작품을 다른 입장에서 보자. 교과서의 독자인 고등학생들은 학업 스트레스와 미래에 대한 불안감으로 자아 존중감이 떨어지는 시기를 겪고 있다. 훌륭하고 특별한 영웅, 위인의 이야기가 아닌 평범한 허생원의 이야기를 실음으로써 특별한 존재가 아니어도 허생원의 삶이 의미가 있듯이, 모든 사람의 추억, 더 나아가 존재 자체만으로도 특별하다는 것을 학생들에게 말하고 싶은 것은 아닐까 생각해 본다.
>
> – 1학년 ○모둠 독서신문 중 –

전문가들이 말하는 문학적 가치도 의미 있지만, 아이들이 작품과 삶을 연결지어 의미를 발견하는 과정이 더 의미 있다고 생각한다.

❗ 서로를 존중하며 배움이 일어나는 수업

학생 중심 수업을 교사별로 다양하게 운영하며, 이를 수행평가에 반영하고 있다. 그러나 이것이 과연 변별력이 있는 평가인지, 신뢰성이 있는 평가인지 의문이 들어 학생 중심 수업에 대해 부담이 크다는 의견이 있었다. 수행평가 횟수가 너무 많아 아이들과 교사 모두 지쳐 가고 있다고 하소연하는 선생님도 있었다. 또한 학생 중심 수업이 과연 현재 입시 체제에 맞는 것인지 의문이 들며, 학교에서 수업을 재밌게 듣지만 정작 입시 준비는 학원에서 하는 것이 우리 아이들의 현실이라는 회의적인 목소리가 있었다. 수업 평가 시간에 몇몇 아이들은 "스스로 작품을 이해하는 데 시간이 오래 걸려 강의식 수업에 비해 효율성이 떨어지고, 지금의 활동이 성적 향상에 도움을 주는지 의문이 든다."고 말하기도 했다. 모두 맞는 이야기이다.

입시 제도와 사회 구조가 미래 사회를 대비하는 방향으로 변화하지 않은 채 교사에게만 수업을 변화시키라고 압박하고 있다. 몹시 부담스러운 상황임은 틀림없다. 그럼에도 불구하고 아이들이 보여 준 몇 가지 장면은 나를 계속 고민하고 움직이게 만든다.

늘 엎드려 자고 있던 아이가 리포터 역할을 하며 동영상에 나오고, 음운의 변동을 그림으로 그려 자랑하며, 모둠 대표로 나와 문제를 풀었다. 교사의 설명에 집중하지 못했던 아이가 친구에게 질문을 하기 시작했고, 문제를 해결하기 위해 아이들이 머리를 맞대고 의논하고, 혼자 공부하는 것에 익숙했던(자기 역할만 하고 싶었던) 아이가 더불어 공부하고, 책을 읽다가 자기들끼리 깔깔거리고 웃고, 이해가 되지 않는 장면은 다시 읽고. 국어 교과서와 읽기 자료를 가지고 아이들이 웃으며 학습을 하는 장면.

또한 '강의식 수업을 받을 때는 시험을 준비한다는 마음으로 선생님께서 가르쳐 주시는 해석만 외우려고 했는데 스스로 질문하고 답을 찾아가는 창의독서 활동을 하면서 진짜 국어 공부를 한 느낌이었다.',

'강의식 수업을 할 때는 교과서 내용만 알 수 있었지만 창의독서 활동을 하면서 작품을 한 번 더 읽고 깊이 있게 이해하려 노력했으며, 친구들과 작품에 대해 이야기를 나누는 시간이 즐거웠다.'는 학생들의 소감을 들으면 다시 힘을 내서 다음 수업을 준비한다.

수화기를 들고 "○○선생님, 다음 단원 수업 우리 어떻게 해야 재밌고 힘들지 않은 수업을 할 수 있을까요? 제가 교무실로 올라갈게요." 다시 나도 수다스러운 모둠원이 된다.

4

 문학

양유경

살아 숨 쉬는 국어 수업, 아이들의 삶에 깃들다

교사의 도전 - 2015 개정 교육과정 적용 사례

교실의 주인이 바뀐다는 것은 쉬운 일이 아니다. 처음에는 '과연 학생이 주체가 되는 학생 참여형 수업이 성공적일 수 있을까' 하는 의구심과 막막함이 앞섰다. 우선 가능한 교과, 가능한 단원, 가능한 시간부터 간단한 활동을 시작해 보았다. 하지 않아서 후회하는 것보다 무엇이라도 하고 나서 후회하는 게 더 낫다는 평소 신조 때문이었다. 그러나 상세한 수업 설계를 하지 않고 열정만 갖고 무작정 시작했기에 서투르고 어설펐다. 단편적인 활동들을 해보는 것에 그쳤고, 이것이 평가로 이어지지 못했다. 학생들의 참여와 발표로 즐겁게 수업을 했지만 정작 교사는 무엇을 가르치고 학생들은 무엇을 배웠는지 명료하지 않았다.

학생들의 역량을 길러주기 위해서 교사인 나의 역량을 강화할 필요성을 느꼈다. 이때 교과 교육과정 개선지원단 연수(60시간, 4~7월)를 받을 수 있는 기회가 생겼다. 고등학교 국어 교사 4명이 모둠을 이루어 프로젝트 모형을 개발하고 직접 수행을 해보면서 학생 참여형 수업의 필요성을 인식했고, 학생들이 경험하는 어려움을 체감하며 학생들의 입장을 이해할 수 있었다. 더불어 국어교과연구회 연수 '변화하는 시대, 성장하는 교실', '2015 개정 교육과정 국어과 선도교원 연수'를 통해 수업·평가의 전문가로서 교사의 역할을 재인식하는 전환점이 되었다. 짧은 시간이었지만 함께 연수에 참여했던 선생님들과 이야기를 나누며 거듭했던 고민의 흔적과 2015 개정 교육과정의 내용이 반영된 운영 사례를 소개하고자 한다.

■ 프로젝트 수업

매체 제작을 통한 창의적 국어 사용 능력 신장

주요 내용
• 학생 주도적으로 작가 신문, 뉴스 영상, 홍보 브로슈어, ppt 자료 등 제작 　예 작가 신문: 가상 인터뷰, 기사 작성, 주요 작품 서평, 설문 조사 및 Q&A(독자와의 소통), 토의 주제 제시 및 진행 등을 통해 창의적 국어 사용 능력(표현력, 이해력) 신장 • 글쓰기 활동으로 발전시킬 만한 토의 주제(발표 모둠이 만들어 제공)를 제시했을 때에는 다음 차시에 초간단 글쓰기 활동 진행

활동 내용(예 서편제(시나리오) 프로젝트)	관련 국어과 교과 역량
원작 이청준 소설 '서편제' vs 시나리오 '서편제' 비교(공통점, 차이점)	비판적·창의적 사고 역량
이청준 작가 소개: 작품에 영향을 미친 삶의 경험, 생애	자료·정보 활용 역량
수업 시간에는 다뤄지지 않았던 영화 결말의 의미: 감독 의도 언급	문화 향유 역량

작품 속 인물의 행동을 통해 심리 추론하기 - 학급 친구들 인터뷰	의사소통 역량 공동체 · 대인 관계 역량
예술을 위한 범죄(한이 담긴 소리를 위해 눈을 멀게 한 행위)의 또 다른 **예** 광염 소나타 (김동인)	비판적 · 창의적 사고 역량
발표 모둠이 만든 토론 주제로 학생 토론 활동: 정말 좋아하는 일이 가족에게 피해를 준다면 계속해야 할까? 계속한다(고민 털어놓는 예능 프로 동영상) vs 그만한다(유사한 상황의 드라마 동영상: 이해를 돕기 위한 자료 제공)	• 의사소통 역량 • 자기 성찰 · 계발 역량 • 공동체 · 대인 관계 역량 • 비판적 · 창의적 사고 역량

2학기 문학 프로젝트 활동 계획

일시	관련 단원	활동 내용(예시)	요구 자료(예시)	해당 모둠(명)	모둠원 (모둠장)	모둠 구호
8월5주	I. 2(1) 서정 문학 02 가는 길-김소월	소월일보	작가신문	1		
9월2주	I. 2(1) 서정 문학 03 절정-이육사	육사뉴스	작가뉴스영상			
9월4주	I. 2(2) 서사 문학 01 사씨남정기-김만중	가정 소설, 그것이 알고 싶다	홍보물			
10월4주	I. 2(3) 극 문학 02 서편제-이청준	시나리오를 통해 영화에 접속!	잡지			
11월1주	Ⅲ.1(2) 01 부끄러움을 가르칩니다-박완서	박완서를 찾아서	작가신문			
11월2주	Ⅲ.2(2) 02 여우난골족-백석	백석, 그를 만나고 싶다.	작가신문			

▲ 2학기 프로젝트 활동 계획서

【2016 2학년 2학기 문학 수행평가 기준안】

방법	세부 영역			배점	시기
논술형 (10점)	1차	교과서 관련 작품 - 서울. 1964년 겨울(김승옥)		5점	9,10월
	2차	교과서 수록 작품 - 비오는 날(손창섭)		5점	
학습 활동 (20점)	표현 역량 신장 활동	모둠 프로 젝트	- 매체(작가 신문, 뉴스 영상, 홍보 브로슈어 등) 제작하여 발표 - 가상 인터뷰(화법), 기사 작성, 주요 작품 서평(작문 능력), 설문 조사 및 Q&A(독자, 청자와의 소통), 토의 주제 제시 및 진행 등을 통해 국어 사용 능력(표현력, 이해력) 외 종합적 신장 - 각 모둠 한 학기 1회만 참여. 사전에 모둠 주제를 추첨하여 학기 진도 계획에 따라 시기를 달리하여 발표함.(모둠별 평가 시기 상이함.) - 모둠 점수(동료평가 결과 반영) + 개인 점수(개인 과제물 제출)	5점	15점	수업 중 과정 평가
		사이버 문학 기행	- 2016 문학 기행(10/11 현장 체험학습)을 위해 수업 시간에 사전 사이버 문학 기행을 하고 제출한 결과물을 수합하여 자료집을 제작함.	1점	
		생각 말하기	- 프로젝트 발표에서 제시한 토의 주제에 대한 생각 발표하기(한 학기 총 6회 진행)	2점	
		생각 글쓰기	- 프로젝트 발표에서 제시한 토의 주제에 대한 생각 글쓰기(한 학기 총 6회 진행)	3점	
			- 초간단 글쓰기(2회): 300~400자	4점	
	모의고사 풀이 토론 활동	9월, 11월 모의고사를 치른 후, 모둠원에게 자신이 맡은 부분의 작품과 문제를 서로 설명해 주는 활동. 설명 내용은 기록하여 제출함.		3점	
	도장판	평소 수업 중 학습 활동에 적극적으로 발표한 학생에게 도장을 보상으로 제공함.		2점	

▲ 2학기 수행평가 기준안

1차시

2학기 수업 활동 계획 및 평가 기준안 제시, 교사 시범 보이기

2학기를 위해 야심차게 준비한 프로젝트 수업이었다. 기대 반, 걱정 반으로 교과교실을 향했던 모습이 기억난다. 새로운 수업 형태에 주목할 만한 점은 모둠별 프로젝트 활동 시기를 달리하여 여러 교과의 평가가 특정 기간에 집중되어 학생들에게 피로감을 주었던 1학기 때의 문제점을 해결하고자 했다는 것이다. 먼저 모둠 구성 후에 모둠별로 발표 주제를 선정하고(희망 또는 추첨), 2학기 프로젝트 활동 및 평가 계획에 대한 안내를 했다. 학생들이 막연하게 생각하여 어려워할 수 있는 프로젝트 활동의 사례를 교사가 시범을 통해 보여줌으로써 학생 활동을 지원했다.

2~5차시

작품, 작가에 대한 이해 활동(제재에 따라 유동적)

상황에 따라서는 교사의 강의식 수업도 필요하다. 성취기준, 학습 내용, 단원 성격에 따라 다양한 교수·학습 방법이 도입되어야 한다. 주로 하브루타 수업(짝꿍 학습)의 질문법을 활용하여 작품과 작가에 대한 이해를 도왔다.

- 질문 만들기(내용 질문, 상상 · 적용 질문) → 짝 이동하며 질문하기 → 공유
  - 시, 수필, 작가 수업 시 활용
- 줄거리 설명하기 → 질문 만들기(내용 질문, 상상 · 적용 질문) → 공유
  - 소설 수업 시 활용

▲ 줄거리 설명하고 만든 질문 나누기

▲ 짝꿍과 질문한 내용 전체 공유하기

7차시

프로젝트 활동: 매체 제작하기

학생들이 프로젝트 활동을 시작하기에 앞서 교사가 시범을 보여 주면 학생들의 과제에 대한 궁금증과 막연함은 해소되며 활동에 대한 동기를 유발할 수 있다. 교과 교육과정 개선 지원단 연수에서 고등학교 국어과 선생님 4명이 학습 공동체 형태로 프로젝트 과제를 함께 수행하며 제작했던 동주 신문을 예시 자료로 제공했다. 발표 시기와 관련 단원은 정해 주고 구체적인 내용과 제작할 매체의 종류는 모둠이 자유

롭게 구상할 수 있음을 안내했다. 전 과정을 학생들이 주도하되, 수행 과정을 담은 회의록(2회)을 제출하는 것과 반 친구들과 소통한 내용(설문 조사, Q&A, 인터뷰 등), 학생들이 스스로 토의 · 토론 주제를 제시하는 것은 필수 사항으로 강조했다.

8차시

프로젝트 결과물 발표 및 토론 활동, 피드백

프로젝트 활동 결과물은 2~3주에 한 번씩(시험 기간 제외) 발표했고, 해당 차시는 다음과 같이 운영되었다. 가령 1반의 1조가 9월 2주에 발표를 하고, 3조는 9월 5주에 발표를 한다. 이렇게 시기를 달리하여 활동을 하고 결국 한 학기에 걸쳐 한 반당 총 5~6회의 프로젝트 발표를 한다(5~6개 모둠 구성).

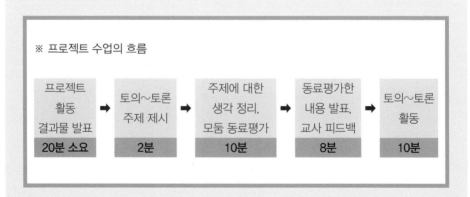

1. 프로젝트 활동 결과물(매체 제작) 발표 **예** 이육사 작가신문
2. 토의 · 토론 주제 제시(교사가 제시하지 않음 / 학생들이 만든 주제)

    예 이육사가 순국한 베이징 지하 감옥이 도심 흉물로 방치되어 있다. 주변 환경을 위해 감옥을 철거해야 하는가? 항일 유적지로 감옥을 보존해야 하는가?
3. 주제에 대한 생각 정리하기
4. 동료평가(칭찬할 점, 개선할 점 – 서술식 작성) –칭찬과 생각나눔 기록지 작성
5. 학생: 칭찬할 점 발표 / 교사: 칭찬 + 개선할 점 피드백

    – 학생이 서로 개선할 점을 면대면 상황에서 언급하면 감정이 상하는 경우가 많아 서면으로만 받고 교사가 구두로 개선할 점을 피드백 해준다.
6. 토의 · 토론 주제에 대한 생각 발표하기

    – 학생들이 만들어 제시한 주제 가운데 글쓰기 활동에 적합한 주제를 선별하여 다음 차시 초간단 글쓰기 활동(200자 이내)의 주제로 제시

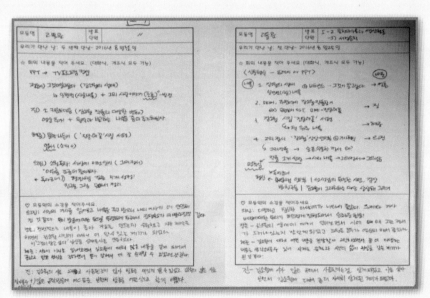

▲ 모둠 회의록

▲ 프로젝트 발표

▲ 교사 시범 – 작가 신문

▲ 학생 작품 - 매체 제작

▲ 모둠 제시 주제에 대한 초간단 글쓰기 활동

친구들의 발표를 열심히 경청한 나는 ~ ( )반 ( )번 ( )				
발표한 모둠명		발표 주제		오늘 날짜

※ 친구들이 최선을 다해 고민하며 준비한 발표를 잘 들으셨죠? 발표자의 발표를 주의 깊게 듣고 칭찬과 격려를 하는 것은 청자의 성숙한 자세입니다. 이러한 과정을 통해 발표자와 청자 모두 성장해 나갈 것입니다. 성의 있게 답변해 주세요.

☆ 모둠이 제시한 주제는?
   이에 대한 나의 생각을 간단하게 정리해 봅시다.

☆ 우수한 점(인상 깊었던 부분, 새로이 알게 되었거나 관심을 갖게 된 부분)

☆ 개선할 점

☆ 인상깊었던 발표자 or 누구보다 노력한 발표자(이유를 함께 쓰시오)

▲ 칭찬(동료평가)과 생각나눔 기록지

1학기 수업의 문제점은 평가였다. 교과서 수록 작품의 전문을 읽게 하고 자유 주제를 정하여 주제 발표를 하게 했던 '창의독서발표'는 한 시간 동안 6개의 모둠이 번갯불에 콩 구워 먹듯 7분간 후다닥 발표를 하고 들어가는 식이었다. 그러고 나서 교사가 과정과 결과물에 대한 체크리스트 평가를 해서 수행평가 점수를 산출하고 우수팀은 교내 대회 국어 학술제 본선에 진출시켜 내용을 심화시킨 또 다른 발표를 할 수 있는 기회를 부여했다.

　이 평가의 한계점은 학생 활동에 대한 구체적인 피드백이 이루어지지 않는다는 것이고 진정한 의미의 과정평가로 볼 수 없다는 점이다. 수행 점수를 잘 받은 모둠은 어떤 점이 뛰어나서 높은 점수를 받았는지, 그 반대인 모둠은 어떤 점이 부족하여 낮은 점수를 받았는지 알기 어려웠다. 학기 말에 평가가 이루어져 피드백 시간을 할애하기에 수업 시간이 빠듯했다. 그 점이 아쉬워 담임 학급 학생들은 방과 후에 모둠별 피드백 시간을 갖기도 했다. 그동안에 직접적인 피드백을 받아 보지 못했는데 실질적인 평가와 조언을 얻을 수 있어서 좋았다는 의견이 많았고, 이를 2학기 활동에 반영하기로 했다.

　발표가 끝나고 난 후 바로 친구들과 교사가 피드백을 해주었고, 학생들이 동료 평가지에 기록하여 제출한 내용은 정리하여 다음 시간에 알려 주었다. 프로젝트 결과물을 발표한 학생, 토의 주제에 대한 생각을 발표한 학생, 동료 평가한 내용을 발표한 학생, 토의 주제에 대한 생각을 글로 적은 학생의 활동을 모두 기록하여 점수로 환산함으로써 수업 중 과정을 평가했다. 이때 특기사항은 학교생활기록부에 기재하여 수업-평가-기록을 일체화했다.

■ 교과 연계 체험 활동 운영 사례

모든 교과가 수업 외 시간에 다양한 교과 활동 및 행사를 운영하면 표면적으로는 다채롭고 화려해 보일 수 있으나 실제로는 학생과 교사 모두에게 큰 부담이 된다. 하지만 교과 연계 체험 활동이 학생들의 진로 역량 계발에 도움이 된다는 점을 간과할 수 없다. 활동을 계획하되, 교과 활동을 수업으로 끌어와 내실화하여 운영해야 한다는 점을 유념하였다. 먼저 아래 표와 같이 문학(4단위) 수업 안에 특강, 프로젝트, 체험학습 등을 끌어와 문학 교과교육과정을 재구성하여 운영했다. 이때 핵심 성취기준을 기반으로 활동을 계획했다.

교육과정 재구성 사례(문학 4단위: 68시간 기준)

- 68시간에 대한 분석 → 재구성
- 교과 관련 교육 활동을 모두 수업으로 연계
  - 42시간: 교과 내용 수업
  - 4시간: 관련 외부 강사 특강 수업 ※아나운서, 작가 초청(2회)
  - 2시간: 학년 현장 체험학습(문학과 역사의 향기를 찾아서) 사전 사이버 문학 기행
  - 8시간: 학생 중심 활동 ※ 프로젝트 수업(6회), 모의고사 기출풀이 토론 활동(2회)
  - 4시간: 지필평가(2~4회) ※정기고사 2회, 전국연합 2회
  - 8시간: 꿈 · 끼 주간(2회) 활동
    ※꿈 · 끼 주간이란? 학기말 고사 종료 시부터 방학 전까지 실제적으로 수업 운영이 어려워 허비되는 시기에 한 학기 수업 활동을 정리하는 시간을 가짐 (대회, 발표, 포럼, 전시회, 특강 등으로 운영).
- 꿈 · 끼 주간 발표(대회)는 따로 준비하는 게 아니라 평소 수행평가 등 수업 활동을 기반으로 운영함.
- 학생부 기록이 풍부해짐.
- 교사 혼자하기 어려우므로 자연히 교과협의회가 활성화됨.

교과	핵심 성취기준	학생 활동	재구성 목표	학년	시기
문학	31051-1. 다양한 맥락에 ~ 작품을 감상할 수 있다. 31052-2. 문학 작품의 주제 의식과 ~ 분석할 수 있다.	아나운서 특강 (낭독의 발견)	교과교육과정과 연계된 외부 인사 초청 강의	2학년	10월
	310514-2. 우리 사회의 다양한 공동체에 대한 문제의식을 담아낼 수 있는 문학 작품을 창작할 수 있다.	작가 특강 (글쓰기 활동 – 작문 교육)			
	31053-1. 서적 이외에 ~ 비교하여 설명할 수 있다. 31053-2. 다양한 매체를 통해 구현된 작품들의 가치를 문학적 관점에서 주체적으로 수용할 수 있다.	2016 문학 기행(사전 사이버 문학 기행으로 체험학습 자료집(학생 참여) 제작	교과교육과정과 연계된 체험학습		

2학년 인문과정 학생들을 대상으로 아나운서 특강과 작가 특강 중에 희망을 받아, 해당 학급의 시간표를 조정하여(블록 수업) 명사 특강을 문학 수업 시간에 진행했다. 늦은 오후 교과수업 외 시간(야간자율학습 시간)에 열리는 행사식의 강사 특강이 아닌, 수업 시간 안에서 교과 연계 체험 활동으로 기획·운영되다 보니 학생들의 만족도가 높았다.

2학년 학급 담임으로서 학년 현장 체험학습을 문학 교과와 연계하여 운영해보면 어떨까 하는 의견을 제안했다. 학년 부장님과 국어과 선생님, 체험학습 업무 담당자 선생님이 주축이 되어 문학 기행(문학과 역사의 향기를 찾아서)을 기획하여 경기도 양평 지역(황순원 소나기마을, 몽양 여운형 기념관, 두물머리 등)을 다녀왔다.

현장 체험학습을 떠나기 전, 문학 수업 시간(2차시)을 할애하여 모둠별로 한 꼭지씩 맡아 사이버 문학 기행을 하게 했다. 학생들에게 인터넷 검색을 통해 다양한 정보를 수집하고 재조직해서 체험학습 자료집에 들어갈 자료를 직접 제작하게 했다. 이로써 업무 담당 교사의 부담이 줄어들었고 학생들도 자신들이 직접 만든 체험학습 자료집이라 더욱 애착을 갖게 되어 현장 체험학습에 대한 동기 유발을 높이는 효과를 가져왔다.

▲ 작가 글쓰기 특강

▲ 사이버 문학 기행 학생 제작 자료집

| 활동 중심 수업에 대한 학생들의 피드백

≫ 그동안 받아왔던 국어 수업과는 다르게 문학 작품에 대한 친구들의 생각을 들을 수 있어서 좋았다. 작품에 대한 여운으로 풍성하게 내면의 그릇을 채워갈 수 있었다.

≫ 1년 동안 문학 수업을 하며 정신적으로 많이 건강해질 수 있었던 것 같다. 내가 살아가면서 추구해야 할 가치가 무엇인지, 어떤 태도를 가지고 살아가야 하는지에 대한 답을 찾을 수 있었다.

≫ 이번 문학 시간에 여러 활동을 조원과 함께 준비하고 발표를 해내면서, 문학 작품이 단지 우리에게 있어서 공부해야 하는 대상이 아닌 느끼고 체험하는 대상이라는 것을 알 수 있었다. 특히 수업 시간에 이육사 시인의 작품을 감상하고 프로젝트 활동을 통해 심화 학습을 한 후에 몽양 여운형 등을 알아보는 체험학습을 다녀오면서 문학은 내 삶에 더 깊이 자리 잡기도 했다.

≫ 여러 친구들의 다양한 의견을 들으며 '저런 생각을 할 수 있구나.' 하기도 했고 머릿속에 있는 생각을 글이나 말로 완전히 표현할 수 없을 때 답답해하며 이제까지 책을 멀리했던 나를 돌아보기도 한 시간이었다. 나에게 많은 생각과 기회를 준 시간이었다.

≫ 1학기 때까지만 해도 국어 자체를 싫어했다. 하지만 문학 시간에 조별 활동을 하면서 시나 장편 소설에 대한 거부감이 사라지게 되었다. 친구들의 발표를 들으며 나의 생각도 같이 정리할 수 있어서 처음으로 국어에 대한 관심이 생겨 친구들이 발표한 시인들의 책을 찾아보기도 했다. 이렇듯 2학년 1년 동안 국어를 대하는 태도가 많이 바뀌었다.

≫ 이번 해에 문학 수업을 하면서 조별 프로젝트 활동을 통해 친구들과 합심하여 수업에 참여했던 점이 좋았고, 또 작가들에게 관심을 가질 수 있는 수업이 많아서 좋았다. 더 나아가 시집을 직접 사서 읽어보며 심화 활동을 하는 계기가 되었다.

🔔 교사가 있기에 학교에는 희망이 있다

작년 2학기부터 도전하고 반성하고 도전하기를 반복했다. 현시점에서 수업의 변화를 꿈꾸며 보낸 1년 6개월을 돌아보니 뿌듯함과 부끄러움을 동시에 느낀다. 수많은 시행착오를 겪었기 때문에 천천히 나아갈 수밖에 없었지만 수업이 바뀐 후로 아이들은 바뀌었다.

학급 반장인 아이는 첫 상담에서 자신이 어느 분야에 적성과 자질을 갖고 있는지 몰라 꿈을 정하지 못하고 있다는 고민을 털어 놓았다. 그런데 며칠 전에 미소 가득한 얼굴로 찾아와 꿈을 찾았다고 말했다. 프로젝트 수업에 참여하면서 정형화된 방식을 따르기보다는 자유롭게 사고하고 참신한 아이디어를 구상하는 과정이 정말 즐거웠다는 것이다. 그래서 광고 · 홍보기획자가 되기로 결심을 했다고 말하는 모습이 굉장히 신나 보였다. 학생 참여형 수업을 통해 자신의 관심 분야를 발견하고 꿈을 결정하게 되었다니 희소식이 아닐 수 없다.

학기 초 프로젝트 활동의 시범을 보여 주기 위해 프레지 프로그램으로 제작한 동주 신문을 보여 주었을 때, 자신은 컴퓨터 활용 능력이 부족하다며 유독 자신감 없는 모습을 보였던 학생은 이번 프로젝트 발표에서 모둠 대표로 1인 발표를 하기도 했다. 매체 제작에는 어려움을 느끼지만 정확한 발음과 고운 목소리로 내용의 전달 효과를 높이는 재능을 지녔기 때문이다. 이것을 알고 있는 모둠원들이 발표자로 적극 추천을 했다고 한다.

기자가 꿈인 한 아이는 발표와 글쓰기 분야에서 두각을 드러내 교외역사발표대회 본선에 진출했고, 전국 단위인 대한민국 신문논술대회에서 수상을 하여 각 신문사 기자들과의 만남의 자리에 초대받기도 했다. 이렇듯 자신의 자질을 발견하고 자기주도적 역량을 강화해 나가는 아이들의 모습을 보며 뿌듯함을 느꼈다.

아이들만이 변화한 것은 아니다. 교사도 변했다. 주어진 교과서로 진도를 나가는 데 급급했던 내가 어떻게 교육과정을 재구성하여 수업을 설계할지, 어떻게 다양한 활동을 수업 안으로 끌어올 수 있을지 머리를 뜯으며 고민하고 있다. 아직 걸음마 단계이긴 하지만 고민 끝에 시도한 학생 참여형 수업이 나름의 성공을 거두었을 때가 가장 행복하다.

여기서 소개한 사례는 혼자만의 노력으로 만들어낸 것이 아니다. 함께 근무하는 국어과 선생님, 교과교육과정 개선지원단 선생님, 국어과 선도교원 선생님, 국어교과연구회 선생님들과 소통하고 교감할 수 있는 기회가 많았기 때문에 가능했다. 전문적 학습 공동체 형태의 교사 모임이 중요한 이유가 여기에 있다.

가야할 길이 아직 멀다. 얼마 전 연구학교 공개수업에 참관한 몇 분의 선생님은 배부한 수행평가 기준안을 보시며 이렇게 평가를 하면 너무 힘들지는 않은지 염려를 하셨다. 과정 중심 평가를 지향하면서 계획한 것들이 사실 버거울 때도 있다. 소모적이지 않은 방향으로 간소화할 필요가 있어 보인다. 반면에 동료평가나 자기평가를 할 때 세밀한 기준이 보완되어야 한다. 학생 참여형 수업을 하며 느낀 것은 교사의 지혜와 기획력, 즉 교과 재구성 역량이 굉장히 중요하게 작용된다는 것이다. 그래야 교사도 학생도 지치지 않을 수 있다.

지치지 않는 열정으로 아이들이 가지고 있는 무한한 가능성에 날개를 달아 주기 위해 끊임없이 노력할 것이다.

5

 법과 정치

이다정

아이들,
공동체에 말을 걸다

사회 교사를 대체하는 것들

"선생님, 아이들에게 K-MOOC[1]를 안내해주는 건 어떨까요?"

새 학기에 사회과 부장님께서 제안하신 내용이다. 이에 적극 동의하며 희망자를 모집했다. 자율동아리와 꿈채움 활동 시간 등을 활용해 진행할 수 있도록 안내하자 30여 명의 학생들이 신청했고 관심 분야도 심리, 보건, 경제, 교육 등 다양했다.

교사는 4차 산업 혁명 시기에 사라질 직업군이라고 한다. 지금도 사회 교사를 대체할 수 있는 수단은 너무나 많다. 각종 포털에서는 키워드만 입력하면 교과서에 실려 있는 지식들이 검색되고, 수업 시간에 졸았던 학생들도 인터넷 강의를 들으며 부족한 부분을 해결한다. 급기야 대학에서 개설되는 강좌까지 무료로 수강할 수 있는 세상이다. 그래서 나는 '굳이 아이들이 일정한 시간에 학교에 와서 함께 수업을 듣는 이유가 무엇일까? 공교육에서 의미 있는 수업은 무엇일까?'에 대한 문제를 고민하기 시작했다.

---

1) 한국형 온라인 공개 강좌 http://www.kmooc.kr/

졸업 후 살아갈 세상에서 아이들에게 도움이 될 수 있는 수업은 지식이 아닌 역량을 키워주는 수업이라는 확신이 든다. 의사소통 능력, 협업 능력, 정보 활용 능력, 창의적 사고력, 문제 해결력 등은 2015 개정 교육과정에서도 사회 교과 핵심역량으로 제시되고 있다. 그래서 교사와 학생이 상호 작용을 통해 주제를 설정하고, 관련 정보를 탐색하면서 해결 방안을 모색하는 프로젝트를 기획했다.

특히 사회 수업에서는 학생들이 가지고 있는 생각과 경험이 중요한 학습의 재료가 된다. 즉 생각과 경험을 나누는 자체가 서로에게 배움이 되는 경우가 많다. 학생들이 가진 재료를 모으고 다듬어 함께 결과물을 완성해 내는 과정은 수업을 통해 구현할 수 있는 의미 있는 활동이라고 생각한다.

왜 정책 제안 프로젝트인가?

나는 '법과 정치' 수업을 맡고 있어 정치적 상황에 대한 학생들의 반응을 민감하게 확인할 수 있다. 특히 지난해 있었던 촛불 집회에서부터 대통령 탄핵까지 일련의 정치적 상황들은 학생들에게도 큰 의미로 다가온 듯 했다. 그래서인지 새 학기에 '법과 정치' 과목을 선택한 학생들은 어느 때보다 정치와 공동체에 대한 관심이 컸다. 이를 반영해 학생들이 정치 참여 과정을 직접 경험해 볼 수 있도록 관련 단원을 선정했다.

- **단원명**: Ⅱ. 민주 정치의 과정과 참여
- **교육과정 내용**: 법1223. 현대 민주 정치에서 국민의 정치 참여가 갖는 의의를 탐색하고, 다양한 정치 참여의 유형을 실제 사례와 관련지어 파악한다.
- **성취기준**: 법1223. 현대 민주 정치에서 정치 참여가 갖는 의의와 중요성을 설명하고, 다양한 정치 참여 방법을 실제 사례를 들어 설명할 수 있다.

   중요한 점은 성취기준을 고려해 프로젝트를 설계하는 것이었다. 학생들은 정치 참여가 중요하다는 것을 알고는 있었지만 대개는 체험해보지는 못했다. 그래서 교과서에서 배운 대로 설명할 수 있는 데서 그치지 않고 내면화할 수 있는 기회를 제공해주고 싶었다. '나도 다양한 방법으로 정치에 참여할 수 있어.', '내가 공동체의 변화에 기여할 수 있어.'라는 생각을 갖도록.

   그래서 '정책 제안 프로젝트'를 기획했다. 정책 제안 활동은 학교 현장에서 종종 이루어지고 있다. 대개는 주변의 문제를 인식하고 해결 방안을 고민하며 실천하는 사회 참여 활동으로 진행된다. 그러나 내가 주목한 점은 이러한 활동이 주로 학생회 또는 동아리 단위의 일부 학생들 중심으로 이루어지고 있다는 것이었다. 사회 수업은 민주 시민의 양성을 목표로 하며 모든 학생들은 사회의 주인으로서 역할을 담당해야 한다. 그래서 정책 제안 활동도 교과 교육과정의 일환으로 모든 수강생들을 대상으로 해보고자 했다.

⚠️ 어떻게 정책 제안 프로젝트를 진행했는가?

교내 부분과 지역 사회 부분으로 나누어 단계적으로 진행했다. 공동체의 문제에 관심을 갖고 개선을 모색하는 활동에서 심리적 거리감을 줄이기 위해 교내 부분을 우선 시행했다. 주제는 다음과 같았다.

민주주의의 실현, 가까운 곳에서부터
우리의 힘으로! 스스로 찾고 개선하는 신현인을 기대하며!
정책 제안 프로젝트 주제 (1) 신현고 / 주제 (2) 지역 사회

| 교내 부분

1단계	모둠별 주제 선정	학교생활을 하면서 불편을 겪은 적이 있어 개선이 필요하다고 생각하는 부분 또는 새롭게 도입하고 싶은 부분이 있다면 함께 나눠보기
2단계	월드 카페	모둠별 1인(호스트)만 남고 나머지 조원은 다른 모둠 중 관심 있는 주제를 선정한 조로 자유롭게 이동해 자신의 경험담 및 개선 방안에 대한 아이디어를 나누기
3단계	아이디어 유목화	월드 카페 과정에서 도출된 아이디어를 모둠 내에서 분류 및 정리하기
4단계	해결 방안 모색	각 해결 방안에 대한 긍정적인 면(Plus)과 부정적인 면(Minus)을 모두 생각해보고 대안 찾기

불평불만에서 합리적 대안 모색으로

1단계에서 주제를 선정할 때는 그동안 쌓여 왔던 불평과 불만들이 쏟아졌다. '교과교실제는 도대체 왜 하는 거야? 이동 수업하기 싫어', '탈의실이 없어. 체육복 갈아입을 때 힘들어', '자꾸 연체되었다는데 책 반납하러 가도 사람이 없어. 내 탓이 아니잖아.', '교복은 불편해. 체육복 입게 해주면 안 돼?', '복도에 쓰레기통은 왜 없는 거야?'

문제를 인식하는 데에 그치지 않고 개선 방안까지 제시하는 것이 목표라고 다시 한 번 강조했다. 아이들은 모둠별로 주제를 선정하고 실현 가능한 방안을 해결 방안을 모색하면서 신기하게도 점차 합리적 의사 결정을 해나갔다.

- '교복의 불편함'을 주제로 선정한 모둠의 대화

> 교복이 너무 불편해. 학교에서는 왜 수업 시간에 체육복이나 사복을 마음대로 못 입게 하는 거야? 복장 자율화를 제안하자.
> ㄴ 맞아. 편한 게 최고지. 그래야 수업에 집중도 잘 될 거 아니야?
> ㄴ 그런데 사복을 허용하면 빈부 차이가 심하게 나타나잖아.
> ㄴ 체육복 착용을 허용하면 등하교할 때에도 교복이 아닌 체육복을 입고 다니게 될 거야. 난 단정하고 모범적인 우리 학교의 이미지가 유지되면 좋겠어. 교복이 불편하면 생활복을 입으면 되잖아.
> ㄴ 여름엔 그렇지만 겨울엔 생활복이 없잖아. 그래서 우리도 다들 후드 집업을 입고 다니는 거고.
> ㄴ 그럼 아예 학교 후드 집업을 만드는 건 어때?
> ㄴ 가격 면에서 많이 부담되지는 않을까?
> ㄴ 내 친구가 다니는 ㅇㅇ학교에서는 이미 하고 있대. 디자인이나 가격을 알아 올게.

• '교과교실제 문제 – 쓰레기 투기'를 주제로 선정한 모둠의 대화

계속 이동 수업을 하니까 교실 책상에 대한 주인 의식이 없어. 자꾸 누군가가 쓰레기를 넣어두고 가.
└ 맞아. 나도 이 자리에 앉아 있던 아이들이 빵 봉지를 버리고 가서 몇 번이나 치웠어.
└ 그러게. 게다가 교과교실제에서는 소지품을 계속 들고 다니니까 책상 서랍은 별로 쓸 일이 없어.
└ 그럼 서랍 없는 책상으로 바꿔달라고 하는 건 어떨까?
└ 이 많은 책상들은 다 어떡하고? 비용이 너무 많이 들잖아.
└ 아~ 책상 서랍만 분리하는 건 어때?
└ 분리가 돼? (책상을 살피며) 여기 나사 몇 개만 빼면 되는구나. 괜찮네. 좋은 생각이다.

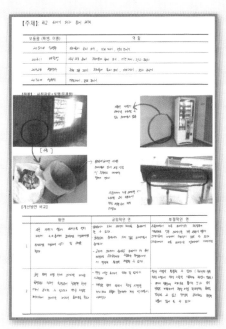

▲ '교과교실제 문제 – 쓰레기 투기'에 대한 학생들 보고서 예

비슷한 과정들이 '학생증 활용도를 높이기 위한 방안', '급식실 환경 개선 방안', '교과교실제를 고려한 화장실 환경 개선 방안', '도서관 이용 활성화 방안' 등을 주제로 진행되었다. 학생들은 개선이 필요한 사항이 무엇인지 알아보는 것 자체가 공동체에 대한 관심에서 시작된다는 점을 알아 갔다. 또한 불만이었던 점들도 따져보니 그럴만한 이유가 있었다는 것을 스스로 깨달으면서 자연스럽게·합리적인 대안을 고민하기 시작했다.

우리 의견이 정말 실행된다고?

학급별로 진행된 제안은 교과교실 복도에 게시하여 오가는 재학생들의 의견을 수합했다. 학생들의 관심을 제고하고 공개적으로 의견을 수렴해보는 절차였으며, 이를 학교 정책에 반영할 계획이었다.

쉬는 시간에 복도를 지나가다 멈춰 삼삼오오 모여서 살펴보고 공감하는 제안에 스티커를 붙이는 모습들이 진지해 보였다. 이렇게 해서 정리된 정책 제안을 학교 기획 회의에 상정했고, 학교에서도 수업 시간에 이루어진 활동에 의미를 부여했으며, 학생들이 제안한 것들을 여러 가지 여건과 상황을 검토한 후 실현할 수 있는 것들, 당장 실현이 어려운 것들을 구분해 답변을 해 주었다. 이 답변을 게시판에 공지하는 것만으로도 아이들은 자신들의 의견에 귀 기울여준다는 사실에 만족해했다. 게다가 그 중 몇 가지는 곧장 실현됨으로써 학생들의 만족감은 상당히 높아졌다.

▲ 복도에 게시된 제안에 공감 스티커
붙이기

▲ 제안 내용에 대한 학교 측 답변 게시

| 지역 사회 부분

지역 사회 부분도 교내 부분과 유사하게 설계했다. 단, 주제와 관련해 현재 시행되고 있는 법령을 찾아보고 이에 근거하여 개선 방안을 모색해보는 과정을 추가했다. 또한 자신들이 생각한 방안들을 국가 기관에 직접 제안해보는 과정을 경험할 수 있도록 안내했다.

우리 주변의 문제를 찾아보자.

이 과정에서는 교내 부분보다 학생들의 관심 범위가 더욱 넓어졌으며 다양한 경험들이 교류되었다.

● 모둠별 주제 사례

• 인천광역시 학교 주변 성범죄 줄이기	• 길거리 불법 인형 뽑기 기계 문제
• 인천 지하철 2호선의 시설 개선 방안	• 학교 주변 불법 주정차 개선 방안
• 경인 아라뱃길 환경 문제	• 전통 시장 화재 예방 대책

- 버스 정류장에서의 정차 문제
- 버스 노선 및 배차 시간 합리화 방안
- 동물과 함께 살아가기
- 불법 유흥업소 환경 정비
- 하굣길 보안등 밝기 개선
- 버스 정류장 번호 불일치 해소
- 흡연실 및 흡연 구역에 관한 문제
- 안전하게 자전거 타기
- 불법 전단지 및 현수막 문제
- 어린이 보호 구역 활성화
- 저상버스 의무화
- 교통 약자 편의 시설 증진

- '학교 주변 불법 주정차'를 주제로 선정한 모둠의 대화

후문 쪽으로 등교할 때마다 너무 복잡해. 길도 좁은데 차가 양쪽으로 주차되어 있어서 위험하기도 하고.

ㄴ 특히 아침에는 △△중, ㅁㅁ중 애들도 많아서 차들이 항상 아슬아슬하게 지나가잖아.

ㄴ 불법 주정차가 문제야. 단속을 강화하면 될 것 같은데 1시간에 한 번 정도 어때?

ㄴ 도로가 얼마나 많은데……. 불가능할 거야.

ㄴ 과태료를 엄청 많이 내게 하면 어떨까?

ㄴ 일단 지금 과태료가 얼마인가 찾아보자.

ㄴ 그런데 과태료를 안내고 버티는 사람들도 많잖아.

ㄴ LA에서는 바너클을 부착한대. 차 유리 앞에 부착하는 뗄 수 없는 장치인데 벌금을 내야 패스워드를 알려준대.

ㄴ 그거 좋은데?

- '인천시 학교 주변 성범죄 줄이기 필요성'을 주제로 삼은 모둠에서는 아동 청소년의 성보호에 관한 법률, 성폭력 범죄의 처벌 등에 관한 특례법을 찾아 해석했다. 이를 보완해 정보 통신망을 이용한 적극적 정보 공개 및 정보 공개 기한의 연장 등을 국민 신문고에 제안했다.

- '인근 초등학교 어린이 보호구역 활성화 필요성'을 주제로 삼은 모둠에서는 도로교통법 관련 규칙을 찾아 해석하고 지방자치단체에 신호등 옆 속도 제한 표지판 설치를 제안했다. 실제로 담당자들로부터 곧장 답변을 받은 경우가 많았고 이를 서로 자랑하며 뿌듯해하기도 했다.

작성자	인천교통공사	검토부서	차량승무팀	작성일	2017-04-28
담당자	고 **	전화번호	451-2282	처리기한	2017-05-04

○ 우리공사에 소중한 의견을 주신 최OO, 이OO, 소OO, 김OO 고객님께 감사드립니다.
○ 우선 열차 이용에 불편을 끼쳐 드려 죄송합니다.
○ 인천교통공사에서는 지하철내 환기시스템을 수시로 가동하여 역사 및 전동차에 깨끗한 공기가 공급될 수 있도록 하고 있으며 전동차에는 이산화 탄소량이 증가하면 외부로 오염된 공기를 배출토록 구축되어 있음을 알려드리며 전동차내 냄새가 나지 않도록 청소 및 관리에 더욱 노력하겠습니다.
○ 또한 고객님께서 말씀하신 버스정보시스템은 2016년 7월경 인천교통공사에서 인천시 교통경보운영과로 업무가 이관되었음을 알려드리니 연락처를 참조하여 주시기 바랍니다. (인천교통경보운영과 032-440-1761)
○ 기타 더 궁금한 사항은 차량승무팀(032-451-2282)으로 문의하여 주시면 성실히 답변 드리겠습니다. 감사합니다.

▲ '인천 지하철 2호선의 시설 개선 방안'에 대한 관련 기관 답변

❗ 정책 제안 프로젝트를 설계하며 무엇을 고려했는가?

| 구체적 설계와 친절한 안내

학생 참여형 수업을 진행할 때 우려되는 점은 재미와 감동 모두를 취하기가 쉽지 않다는 것이다. 그래서 더욱 구체적이고 세밀한 설계가 중요하다. 이번 프로젝트에서도 아이들의 자율과 창의는 존중하되 교사의 교육적 목표에서 벗어나지 않도록 범위를 한정했다. 또한 학생들의 불필요한 시행착오를 줄이기 위해 최대한 친절하게 안내했다.

예를 들면 학생들의 활동 단계를 세분화 해 단계마다 정해진 시간을 공지하면서 다음 단계가 진행될 수 있도록 유도했다. '20분 동안' 모둠별 주제를 선정하도록 제한했고, 주제 선정에 어려움을 겪을 때는 기존에 민원이 제기되었던 사례를 찾아서 참고해도 된다고 안내하면서 국민신문고, 지방자치단체 민원상담 사이트를 소개했다. 모든 단계를 이러한 과정으로 진행하기 위해서는 교사가 먼저 처음부터 끝까지 시뮬레이션을 해보는 수고가 필요하다. 반면 수업에서 예상치 못한 변수가 발생할 가능성은 낮아지고 비교적 효율적인 진행이 가능해진다.

| 학생들 간 긍정적 피드백

모둠 활동을 하면 무임승차 문제가 발생하여 열심히 하는 학생들은 불만을 갖게 된다. 또한 학업에 흥미가 낮은 학생들의 경우에는 모둠원에게 피해를 줄까봐 힘들게 과업을 수행하면서 수업에 대한 불만이 쌓인다. 모둠별 평가는 학생들끼리 서로 미워하고 갈등하면서 오히려 인성 교육의 걸림돌이 되고 있다. 그래서 모둠별 평가의 등급 간격은 최소화하면서 서로에게 긍정적 피드백을 주고받을 수 있는 기회를 곳곳에 마련하고자 했다.

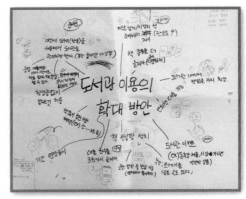

▲ 월드 카페 과정 중 의견 교류

월드 카페를 거치면서 학생들은 각자 다른 조에 가서 자신의 관심사와 경험을 자유롭게 이야기하면서 도움을 주었고 원래 모둠으로 돌아올 때는 다른 학생들은 어떤 이야기를 하고 갔을지 궁금해 하며 좋은 아이디어를 제공해 준 친구들에게 고마워했다.

프로젝트 마무리 단계에서는 소감문을 작성하는 대신 같이 활동한 친구들의 어떤 점이 도움이 되었는지 칭찬하는 글을 쓰도록 했다. 롤링 페이퍼처럼 서로 돌려가며 구체적인 역할과 노력을 서로 칭찬하는 시간은 활동을 마무리하기에 좋은 방법이었다.

모둠원 (학번, 이름)	~ 해서 도움이 됐어. ~ 너무 잘했어. ~아이디어 너무 좋았어. ~ 해서 고생했어.
2 0 1 ## 김 ○○	(handwritten)
2 0 1 ## 소 ○○	(handwritten)
2 0 1 ## 이 ○○	(handwritten)
2 0 1 ## 최 ○○	(handwritten)

• 프로젝트 완성을 기념하며 함께 한 모둠원들 서로 서로 칭찬해줍시다.

▲ 함께 활동한 모둠원 칭찬 활동

| 해야만 했었던 것의 기준 바꾸기

지금껏 수능 선택과목이라는 압박감에 기출문제 풀이에 연연했었지만 이제는 교육과정이 변했고 성취기준에 맞게 수업을 자율적으로 구성하는 것이 중요해졌다. 꼭 다루어야만 하는 것의 기준이 바뀌었다고 생각한다. 이제 교사가 담당하게 되는 과목의 17회 수업은 스스로 구성해서 운영하는 것이므로 선택과 집중 또한 교사의 판단이 아닐까? 수능에 맞춰가는 수업에서 벗어나니 자연스럽게 시간적인 여유가 생겼다. 핵심 개념 위주로 다루면서 학생들이 활동할 수 있는 기회를 제공하니 수업에 활기가 더해졌다.

 ## 아이들과 교사가 함께 날기

"선생님, 요즘은 수업 가서 오히려 내가 힐링 받고 와요."

'아이들이 어떻게 이런 생각을 했지? 이 아이에게 이런 면이 있었어?'라고 느껴 학생 참여형 수업을 본격적으로 시작한 동료 선생님의 말이다. 나 또한 학생 참여 수업을 거듭할수록 학생들의 역량에 대한 신뢰가 쌓이고 다양한 학생들의 장점을 발견하게 되어 재미를 느끼고 있다. 얼마 전 홈스쿨링을 고민하며 진학을 망설였던 2학년 학생에게 '요즘은 학교생활이 좀 어때? 보람 차?'라고 지나가는 말로 물었더니 "음…… 학교는 다니는 게 낫다는 생각이 들어요."라는 답변이 돌아와 내심 기뻐하기도 했다.

켄 로빈슨은 『학교 혁명』에서 교사를 농부에 비유했다. 농부들이 통제할 수 없는 날씨 속에서도 좋은 거름과 적당한 양의 물을 주며 식물을 돌보듯 교사 역시 어려운 환경 속에서도 아이들의 재능을 키워주려고 노력해야 한다는 것이다. 변화하는 시대적 환경과 이에 따른 교육적 요구들이 버거울 때가 많다. 하지만 교사의 교육적 소신을 잃지 않고 학생들에게 도움이 되고자 하는 마음만 지니고 있다면 앞으로도 학교라는 공간에서! 아이들의 꿈에 날개를 달아주면서, 나도 함께 날 수 있을 것이라 믿는다.

6

 한국사

김호진

거꾸로 수업
(Flipped Learning)으로
역사하기

! 강의식 수업에 대한 고민

"수업에 대한 고민이 많이 묻어있는 글이었으면 좋겠습니다."

이 글을 쓰기 전에 당부 받았던 말이다. 고민에 대한 글을 쓰는 것이라면 자신 있다. 올해 신현고로 발령을 받은 이후 정말 많은 시간 동안 고민했었기 때문이다. 물론 그 고민이라는 것이 교육자로서 해야 할 뭔가 성스러운 행위라거나 조금 더 높은 차원의 교육을 위한 고민은 아니었다. 단지 '생존'을 위한 고민이었다.

그 고민의 근원을 찾기 위해 간단하게 나 자신에 대한 이야기를 해야 할 것 같다. 나는 직전에 국제 계열 특목고에서 7년간 역사교사로 근무했다. 물론 과거의 기억이라 미화된 측면이 있겠지만 그동안 내가 가르쳤던 학생들은 이미 학업적으로 충분히 검증된 우등생들이었다. 수업 시간에 들어가면 자고 있는 학생이 거의 없이 "안녕하세요 선생님!" 하며 반겨주었고, 내가 만든 교재 및 자료를 소중히 다루어 주었다. 수업 시간 중 내가 던진 농담에는 방청객처럼 웃어주었으며, "선생님 수업 너무 좋아요!" 라며 나의 기를 살려주는 학생들도 많았다.

7년간 진행했던 대부분의 수업은 강의식 수업이었고, 그 시간들이 만족스러웠기에 다른 수업 방법을 찾아보려는 시도조차 하지 않았다. 오히려 차근차근 나의 강의식 수업 기술을 연마하는 데 몰두했다. 그러는 동안 "나는 수업을 잘하는 교사야."라는 착각 역시 점차 커져갔다. 그러나 그 생각은 학교를 옮기고 난 후 여지 없이 무너졌다.

수업 시간에 들어가면 아이들을 진정시키는 데 많은 시간을 들여야 했고, 분명 1분 전에 한 이야기인데 순진한 얼굴을 하며 "선생님 이거 뭐예요?"라며 묻는 학생들도 있었다. 학기 초 서로에 대한 신선함 덕에 유지되었던 강의식 수업의 좋은 분위기도 몇 주 후부터 망가지기 시작했고, 지겨워 죽겠다는 얼굴로 버티고 앉아 있는 아이들의 숫자가 늘어났다. 물론 나의 수업을 좋아해주는 학생들도 있었지만, 7년간 모든 학생이 나만 바라봐주던 수업을 해왔던 나로서는 만족스럽지 않았다. "일반고 중에 우리 신현고 만큼 학생들 분위기 좋은 곳도 드물어요, 선생님."이라고 말씀하시는 선배 교사의 조언은 당시의 나에게 전혀 위로가 되지 않았다. 이렇게 상황이 악화되면 사람은 보통 남 탓을 하기 마련이고 나 역시 마찬가지였다. 수업이 뜻대로 되지 않는 것은 내 탓이 아닌, 전적으로 학생 탓이라고 생각했다. 악순환의 시작이었다.

⚠️ 수업을 잘한다는 것에 대하여

"수업을 잘하는 것", "내 수업 시간에 아이들이 즐거워하는 것"

아마 대부분의 교사가 가지고 있는 꿈일 것이다. 하지만 '수업을 잘하는 것'과 '내 수업 시간에 아이들이 즐거워하는 것'이 반드시 인과관계가 있는 것인지 의문이 들었다. '수업을 잘하는 것'이 단순히 짜여진 대본대로 적절한 유머를 섞어가며 학습 내용을 깔끔하게 요약해주는 강의식 수업을 말하는 것이라면 인과관계가 없을 수 있겠다는 생각이 들었다.

어쨌든 학생들은 자신들만의 컨디션이 있고 사정이 있다. 또한 나름의 고민을 가지고 피곤하게 살고 있기 때문에 하루에 7시간 이상씩 다른 사람의 이야기에 집중하는 일이 쉽지 않을 것이다. 학생들은 자신만의 사정이 있기 때문에 앞에서 수업을 하고 있는 교사의 사정을 봐주지 않고 잠을 자거나, 친구와 떠들거나, 무기력하게 앉아 있을 수 있는 것이다. 수업을 잘한다는 것은 결국 교사의 사정이었던 것이다.

그렇다. 다시 생각해 보면 내가 강의식 수업을 잘하지 않더라도 조건이 맞는다면 학생들은 내 수업 시간에 즐거울 수도 있는 것이다. 방법을 생각해 보았다. 예전에 얼핏 들었던 '거꾸로 수업'이 떠올랐다.

ⓘ 탈출구로 찾은 '거꾸로 수업'

다행히 새로 발령 받은 인천신현고는 교장, 교감선생님께서 선두에 서서 '학습자 중심형 수업'을 권장하고 있는 분위기였다. 거꾸로 수업을 한다고 이상한 시선으로 나를 바라보지는 않았기 때문에 부담 없이 준비를 시작했다.

KBS에서 방영했던 거꾸로 수업 3부작 다큐멘터리, 관련 도서 3~4권, 미래교실 네트워크 사이트, 전국역사교사모임에서 발간한 역사교육 등등 도움이 될 만한 자료들을 보고 읽었다. 여러 자료들을 접하며 느낀 점 하나. 거꾸로 수업은 정형화되어 있지 않다는 점이다. 거꾸로 수업의 핵심은 강의는 동영상으로 대체하여 학생들이 미리 보고 오게 하고, 수업 시간에는 학생들과 배운 내용을 바탕으로 다양한 활동을 하는 것이다. 하지만 어떤 식으로 동영상을 찍을 것인지, 어디에 업로드할 것인지, 수업 시간에 활동은 무엇을 어떻게 해야 하는지 등은 교사의 설계에 따라 모양과 색깔이 무궁무진해질 수 있다. 또한 동료 교사와의 협업 문제, 학생들의 동의를 얻는 과정 등 막상 시작하려면 해결해야 할 문제가 무척이나 많이 존재한다. 다양한 설계 중 내가 선택한 방법은 다음과 같다.

| 동영상 녹화

판서 형태로 PPT를 제작하여 학생들이 영상을 보며 필기할 수 있도록 동영상을 제작했다. 노트북에 마이크를 연결하여 녹음했으며, 여러 녹화 프로그램 중 '반디캠'의 라이센스를 구입하여 녹화했다. 영상의 길이는 10분을 넘지 않게 하려 노력했다. 요즘 학생들의 특성상 영상의 퀄리티가 떨어지면 많이 보지 않을 것이 분명하기 때문에 많은 공을 들여 만들었다.

| 동영상 업로드

네이버에 카페를 개설(http://cafe.naver.com/shkoreahistory) 하여 디딤 영상을 업로드했다. 참고 자료 제공이나 질의응답 등 카페를 다양하게 이용할 수 있었지만 처음이라 단순히 업로드용으로만 이용했다.

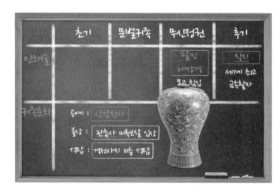

◀ 디딤 영상 중
　고려 문화 관련 부분

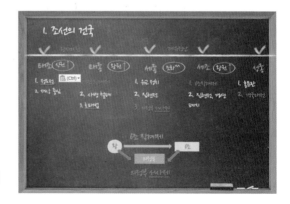

▶ 디딤 영상 중
　조선 관련 부분

| 수업 시간 중 활동

거꾸로 수업을 처음 시작할 때 가장 부담스러웠던 것은 영상을 찍는 것이었다. 하지만 영상은 몇 번만 찍으면 익숙해지는데, 수업 시간에 하는 활동 준비라는 것은 도무지 익숙해지지 않는다. 왜냐하면 꼭 그래야만 하는 것은 아니지만 매 시간마다 다른 활동을 해야 한다는 압박감이 상당하기 때문이다. 마감 시간에 쫓기는 만화가의 심정이랄까?

또한 교육적으로 의미 있는 활동을 할 것인지, 흥미 위주의 활동을 할 것인지도 고민이다. 보통 두 가지 가치는 공존하기 힘들기 때문에 끙끙거리며 준비하다가 마감 시간이 빠듯해지면 흥미 위주의 활동으로 설계를 하기 마련이었다. 어쨌든 미래교실 네트워크 사이트와 여러 자료들을 뒤져가며 수업 시간 중 활동을 준비했다.

 거꾸로 수업의 실제

▪ 거꾸로 수업의 실제 운영

한 차시분의 거꾸로 수업은 다음과 같은 방식으로 운영했다.

시간	활동	비고
5분	디딤 영상 시청 확인	스탬프 활용
10 ~ 15분	학습지 풀이 혹은 강의	전시 학습 요소 확인
30분	활동	
5분	활동 정리	집계 및 차시 예고

수업이 시작되면 디딤 영상을 보고 왔는지 확인하는 시간을 갖는다. 디딤 영상을 보며 필기를 해야 하기 때문에 필기한 내용을 눈으로 확인하며 도장을 찍어준다. 도장의 개수에 따라 수행평가 점수에 일부 반영했다. 다음에는 추가 설명 및 구조화가 필요한 부분에 대해서 강의를 하거나 질의응답, 학습지 풀이의 시간을 갖는다. 짧은 시간이기 때문에 강의를 해도 집중력을 잃지 않고 들을 수 있다. 나머지 시간에는 주된 활동인 게임, 창작 등의 모둠 활동을 실시한다. 매 시간 활동이 다르기 때문에 30분의 시간이 부족할 때도 있지만 해당 차시의 학습 주제와 상황에 맞춰 시간 안에 활동을 마무리하고 정리하는 것을 목표로 하였다.

■ 학생들이 디딤 영상을 잘 시청하고 수업에 참여하는가?

과연 아이들이 동영상 강의를 보고 올 것인가? 처음에는 걱정이 많았다. 그래서 수업 시작 전 해당 차시의 디딤 영상 필기를 검사했다. 여학생들의 특성상, 그리고 성실한 학생들이 많은 학교의 특성상 생각보다 많은 학생들이 필기를 해왔다. 반면 친구의 노트를 복사해 오는 학생들도 상당수 있었고, 당연히 안 해오는 학생들도 있었다.

그러나 우리 교사들은 이미 수많은 경험을 통해 익히 알고 있지 않은가? 강의식 수업을 한 직후에 수업 내용을 바로 물어봐도 모르는 학생이 많다는 것을 말이다. 대다수의 학생들이 검사용으로라도 필기를 해오는 것에 감사하며 집착하지 않았다. 디딤 영상을 보고 오는 것에 집착을 하는 순간 거꾸로 수업의 취지가 무색해지기 때문이다. 필요하면 언제든지 다시 들을 수 있기 때문에 학생들의 '필요'가 생기길 바라

며 수업을 진행했다. 물론 놀라울 정도로 아름답게 필기를 해오는 학생
도 있었고, 시험 기간이 다가오자 학생들의 필요로 동영상 조회수가 늘
어나기도 했다.

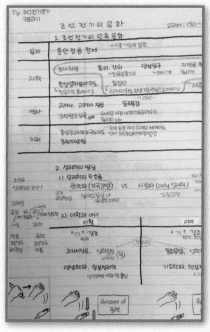

▲ 선생님의 설명까지 다 적은 노트

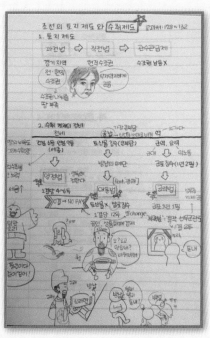

▲ 비주얼 씽킹을 스스로 적용한 학생

■ 학생들이 활동을 귀찮아 하거나 비협조적인 태도를 보이지 않는가?

학생들이 귀찮아 하거나 비협조적이지는 않을까? 이 고민은 활동을
어떻게 설계하느냐에 따라 달라질 것 같다. 나는 애초에 거꾸로 수업이
가지고 있는 많은 가능성 중 '동료들과 함께 하는 협업과 경쟁에서 오
는 즐거움'에 초점을 맞췄기 때문에 흥미도가 높은 활동을 위주로 설계
했다.

〈조선 수취 체제의 변동〉 단원에 실시했던 활동을 예를 들면 다음과 같다. 이 단원에서의 핵심 성취 목표는 '영정법, 대동법, 균역법의 실시 배경과 내용, 결과'를 이해하는 것이다. 깔끔하게 강의하면 10분 내외로 설명할 수 있는 부분인데 실제로 수업을 해보면 균역법 정도를 설명할 즈음 많은 학생들의 눈동자가 풀린다. 재미가 없기 때문이다. 요즘 학생들이 조선 시대 수취 체제 이야기를 흥미진진하게 듣는 쪽이 더 이상하지 않은가? 그래서 해당 차시의 활동을 다음처럼 구상해 봤다. 활동 이름은 '세금을 잘 내자!'이다.

인천 신현고 사탐 한국사 거꾸로 수업 *1*
세금을 잘 내자!

▌게임 룰 설명

1. 본인 재산과 시기에 맞게 세금을 잘 내면 승리

2. 주어지는 정보는
   1) 왕(시기 판단) 2) 보유 토지 3) 특산물 수 4) 가족 내 정남의 수

3. 3번의 고지서를 받고 정확한 액수의 세금을 납부한 조는 도장 한 개 획득

▌조선 역대 왕 순서

1	2	3	4	5	6	7	8	9	10	11	12	13
태조	정종	태종	세종	문종	단종	예종	성종	연산군	중종	인종	명종	선조

14 광해군 (대동법)	15 인조 (영정법)	16 효종	17 현종	18 숙종	19 경종	20 영조 (균역법)	21 정조	22 순조	23 헌종	24 철종	25 고종	26 순종

▌납부해야 하는 세금의 종류와 액수

토지세	영정법 이전	영정법 시행 이후
	1결당 30두	1결당 ( )두

공납	대동법 이전	대동법 시행 이후
	조개구이	1결당 ( )두

역	균역법 이전	균역법 시행 이후
	정남 1명당 군포 ( )필	정남 1명당 군포 ( )필 결작 1결당 ( )두

▌ 예시 문제

국왕	토지 보유	특산물 수	자녀 수	납부 세금
문종	3결	조개구이 2개	3명	쌀 90두 조개구이 2개 군포 6필

▲ 활동지 – 세금을 잘 내자!

조선 시대의 어떤 특정한 시기와 재산 보유 현황을 제시하고 조별로 그 상황에 맞는 세금을 제대로 납부하면 이기는 게임이다. 이 게임을 하다보면 자연스레 각 법령이 실시된 시기, 조선 후기 세금이 토지로 몰리는 현상, 각 법령의 내용 등을 이해할 수 있게 된다. 학생들이 게임에 익숙해졌을 때 선착순으로 세금을 받는다고 룰을 바꾸면, 마치 늦으면 자기 돈이 나가는 것 마냥 열심히 계산해서 가져온다.

▲ 힘을 합쳐 세금을 계산하고 있는 모습

▲ 꼼꼼히 확인 후 세금을 납부하는 모습

물론 위의 활동은 단편적인 예시이다. 어떤 활동은 귀찮아하기도 하고, 재미가 있지만 전혀 의미가 없는 활동도 있었다. 다만 한 가지 확실한 것은 앉아서 강의를 듣기만 할 때보다는 훨씬 더 많은 학생들이 웃으며 수업에 임했고 진지했으며, 열정적이었다.

■ 거꾸로 수업 활동 예시

※반 학기 정도 진행했던 활동들을 정리해 보면 다음과 같다.

차시	학습 내용	교과서	활동
1	거꾸로 수업 안내		
2	고려 경제 · 사회	78~89	전시과 게임 1
3	고려 문화	90~101	전시과 게임 2
4	조선 건국	106~108	조선의 마블
5	통치 체제 정비	109~111	
6	사림과 붕당	112~113	
7	대외 관계	114~115	정통 스피드 게임
8	왜란	116~117	전투 빙고
9	호란	118	
10	양 난 이후 대외 관계	119~120	워드 클라우드
11	붕당 정치의 전개	122~123	나를 찾아줘 1
12	탕평	124~125	나를 찾아줘 2
13	세도 정치	126~127	임술 농민 봉기 게임
14	조선 경제	128~140	세금을 잘 내자!
15	조선 사회	142~149	릴레이 스피드 게임
16	조선 문화 1	150~165	타이포 그래피(수행평가)
17	조선 문화 2	150~165	

거꾸로 수업 이후, 남겨진 결과와 학생들 반응

| 거꾸로 수업과 학업 성취도의 상관관계

거꾸로 수업을 진행하며 가장 걱정되었던 부분은, '강의식 수업 때만큼 학생들이 수업 내용을 잘 이해하고 있는가'였다. 가장 정확하게 학업 성취도 수준을 확인할 수 있는 방법은 지필평가 점수를 비교하는 것이므로 강의식 수업으로 진행했던 1차 고사와, 거꾸로 수업으로 진행했던 2차 고사의 점수를 비교해 보았다.

1반	2반	3반	4반	5반	6반	7반	8반	9반	10반	평균
66.3	64.4	67.9	66.5	71.3	67.7	68.3	64.6	70.9	60.4	**66.8**

▲ 강의식 수업으로 진행한 1차 고사 성적

1반	2반	3반	4반	5반	6반	7반	8반	9반	10반	평균
72.0	64.5	62.5	69.4	72.6	67.4	66.5	61.2	63.0	59.2	**65.8**

▲ 거꾸로 수업으로 진행한 2차 고사 성적

학급별 편차는 있었지만 전체적인 평균은 1점 정도 하락한 결과를 보였다. 다만 2차 고사의 문항 난이도가 1차 고사에 비해 높았기 때문에 보정해서 계산하면 비슷하거나, 높은 성취를 보인 것으로 해석해도 무방하다고 생각한다. 그렇다. 이 결과만 놓고 보면 학생들의 학업 성취도 차이에는 유의미한 차이가 발견되지 않았다. 물론 거꾸로 수업 결과, 유의미한 성취도의 향상이 있었다면 매우 기쁜 일이겠지만, 역시 드라마 같은 일은 벌어지지 않았다.

| 거꾸로 수업과 학생들 반응

내가 수업을 진행하며 체감한 학생들의 반응은 긍정적이었다. 일단 수업 시간에 자거나 졸거나, 혹은 적대적인 눈빛을 보내는 학생을 거의 보지 못했다. 강의식 수업이 펼쳐지고 있는 교실에서는 항상 열외자, 방해꾼의 취급을 받을 수밖에 없는 몇몇 학생들 역시 움직이고 말도 하고, 친구들과 장난도 치며 수업 안으로 자연스럽게 녹아들었다.

학생 반응을 객관적인 수치로 파악하고 싶어 학기 종료 후 설문 조사를 실시했다. 간단하게 설문 조사 결과를 정리하면 다음과 같다.

거꾸로 수업이 좋았나?	긍정	보통	부정
	65%	20%	25%
거꾸로 수업이 좋은 이유	• 수업 시간에 다양한 활동을 해서 지겹지 않았다. • 영상이 탑재되어 있으니 필요할 때 들을 수 있어서 좋았다. • 친구들과 함께 활동을 하니 재미있었다.		
거꾸로 수업이 좋지 않은 이유	• 영상을 보고 오는 것이 귀찮았다. • 그냥 강의식 수업이 좋다. • 영상만 봐서는 잘 이해되지 않는 부분이 있었다.		
기타 서술	• 영상이 재미있어서 좋았다. • 게임은 재미있는데 내용이 이해가 안 된다.		

▲ 거꾸로 수업 학생 설문 조사 결과

 마무리

거꾸로 수업에서 학생 활동 시간은 말 그대로 백지 상태이다. 교사의 설계에 따라 레크레이션 시간이 될 수도, 독서와 토론 시간이 될 수도, 미술 시간이 될 수도 있다. 한 학기 동안 거꾸로 수업을 진행하며 가장 아쉬웠던 부분은 역사적 사고력을 신장시키는 활동을 많이 하지 못했다는 점이다. 애초에 거꾸로 수업을 도입하기로 한 이유가 '학생들이 재미있어 하는 수업을 하자.'로 명확하게 설정되어 있었기 때문이었다. 그리고 거꾸로 수업을 처음 준비하며 노련하지 못했던 나 자신의 역량 부족 때문이기도 하다. 결국 이 글의 제목인 '거꾸로 수업으로 역사하기'는 하지 못한 셈이다.

하지만 일단 아이들을 수업 시간 안으로, 교실 안으로 들어오게 하고자 했던 처음의 목표는 달성했다고 생각한다. 이제 나의 다음 목표는 교실 안으로 들어온 아이들과 함께 역사적 사고력을 신장시킬 수 있는 활동을 기획하고 실행하는 것이다. 최종 목표는 아마도 '인간'과 '평화'를 사랑하는 마음을 지닌 사람으로 성장할 수 있는 수업을 설계하는 것이 될 것이다.

소통과 유대, 협업을 잘할 수 있는 4차 산업 혁명 시기에 맞는 인재상을 키워낸다던가, 학생부종합전형 시대에 학교생활기록부를 더욱 풍족하게 채워줄 수 있는 활동 중심 수업을 하기 위함이라던가 하는 거창한 목표로 시작한 수업은 아니었기 때문에 그와 관련된 효용성에 대한 이야기는 하지 않으려 한다. 다만 수업 시간에 웃고 즐거워하는 아이들이 많아졌다는 것, 한 가지만으로도 나는 이 거꾸로 수업이 좋다. 그래서 나는 앞으로도 이것저것 시도해 볼 것이다. 행복한 개개인이 속해 있는 공동체가 실패하는 일은 결코 없을 것이라 생각한다. 많은 학생과 많은 교사의 성공을 바란다.

7

 세계지리

허정원

일상에서 발견하는
살아있는
지리 수업

⚠️ 수업 정체성에 대한 고민

　교사와 학생 모두 새 학년에 적응을 하고 학교에도 활기가 도는 5월 중 하루였다. 일 년하고도 몇 달이 지난 지금에도 그 날 학생들의 목소리 톤과 표정, 모든 것이 생생하게 기억이 난다.

　수업을 마치고 교과서와 수업 교구를 정리하며 학생들의 질문을 받고 있었다. 서로가 수업 내용에 대해 질의응답을 하는 학구적인 모습에 내심 뿌듯해하고 있었다. 심지어 '좋은 수업이란 이런 걸까?'라며 자아도취에 빠져든 순간이었다. 바로 그때, 교실을 나서는 학생들의 대화가 은연중에 들렸다.

　"세계지리 수업 좋지 않아? 근데 지리는 공부하기가 싫어, 재미가 없어."

　아, 이게 무슨 말인가. '속 빈 강정'이란 말을 이렇게 긍정적으로 표현해준 학생들이 고마울 지경이었다. 이 날 이후 나는 '어떤 수업을 해야 할까, 좋은 수업이란 무엇일까'에 대한 깊은 고민을 시작하였다.

좋은 수업이란 무엇일까?

  좋은 수업이란 가치 내재적인 용어이다. 쉽게 말해 개인에 따라 다르게 해석될 여지가 많다는 것이다. 교사들의 교육관에 따라, 학생들의 성향에 따라 같은 수업도 달리 평가된다. 그렇지만 큰 틀로 바라본다면 오늘날 요구하는 좋은 수업이란 분명 존재한다.

  최근 '4차 산업 혁명 시대'에 발맞춰 학계에서 미래상에 대한 다양한 시나리오들을 내놓고 있다. 이러한 시나리오들의 공통적인 내용은 사회가 급변하고, 기술 혁명 주기가 빨라지면서 이에 대처하고 적응할 수 있는, 다양한 '역량'을 갖춘 인재가 우리 사회에 필요하다는 것이다. 이러한 사회적 분위기는 사회 변화에 가장 민감하고 빠르게 반응하는 교육에서 더욱 극명하게 드러난다. 특히 수업에 있어서 예전과 같은 강의식 수업으로는 아무리 뛰어난 설명력과 전달력을 갖춘다고 해도 이 시대에 필요한 인재상을 키워내기 어렵다. 즉, 역량을 발휘하고 길러낼 수 있는 '학습 환경'을 만들어주는 것이 교사가 해야 할 일이며, 이 시대가 원하는 '좋은 수업'이라고 할 수 있다.

'지리는 지루해~' 그렇다면?

  지리를 지루하다고 말하는 사람들은 다들 지리를 이렇게 알고 있다. 지명이나 산맥, 하천의 위치나 명칭을 줄줄 외우고 길흉화복을 논하며 풍수를 말하고, 지도 해석이나 하는 것으로 말이다. 하지만 이러한 것들은 빅데이터 시대에 클릭 한번으로 쉽게 얻어지는 정보들이다. '내비게이션과 구글 맵이 있는데 지리를 배울 필요가 있을까?'라며 반문들을 한다.

그렇다면 '지리란 무엇인가. 지리는 왜 배워야 하는가?' 우선 사전적 의미는 이러하다. '여러 지역의 자연과 사람들의 생활 모습을 종합적으로 연구하는 학문'. 더 쉽게 풀어보자면 지리란 지표 위의 모든 패턴 및 규칙, 사람들의 삶의 방식과 표현에 영향을 주고 결정짓게 하며 그들을 이해할 수 있는 토대가 되어주는 것이다.

이러한 지리를 공부하고 가르치면서 이만큼 우리 생활에 맞닿아 있는 교과도 없다는 생각이 견고해지고 있던 찰나 '지리교과는 재미가 없다.'는 학생들의 평가는 내게 적잖은 충격을 가져다주었다. 그래서 '아, 그렇다면 내가 느끼는 교과의 의미와 목적을 학생들도 느끼게 해주자!'라는 생각으로 수업의 방향을 잡아나가기 시작했다. 방향을 잡은 뒤로는 '딱딱한 교과 지식을 일상에서 발견하고 흥미를 갖게 할 수는 없을까?'라는 고민으로 이어졌고, 수업 방법과 학습 자료의 변화가 필요하다고 느꼈다.

1학기를 마치자마자 2주 남짓의 여름방학 동안 '좋은 지리 수업'에 대한 고민을 거듭하면서 치열하게 수업 변화에 대한 고민을 했다. 이에 가장 먼저 찾은 곳은 집 근처 도서관이었다. 이곳에서 많은 책들과 논문, 수업 사례 모음집을 훑어보기 시작했다. 여러 가지 수업 사례들을 보면서 학생 참여, 실생활 연계 수업, 역량 학습 등 공통 키워드가 눈에 보이기 시작했다. 수많은 날 것의 정보들을 머리에 꾹꾹 담아내고, 이 중에서 내 수업의 정체성과 주제를 잡기 위한 정보들만 걸러내기 시작했다. 학생들의 일상과 관심사를 거름망으로 삼아 아이디어를 구체화했다.

우리 학교 학생뿐만 아니라 요즘 청소년들의 일상을 살펴보니 스몸비(스마트폰과 좀비의 합성어인 인터넷 신조어)라고 불릴 만큼 스마트폰에 지나치게 의존적인 모습들이 보였다. 특히 우리 아이들에게 스마트폰은 정보 검색과 사고 활용의 도구로 사용되기보다는 몇 초마다 뜨는 이미지와 동영상(흔히 말하는 '움짤'), 광고 등을 의식 없이 무비판적으로 받아들이고 즉각적으로 반응하며 감정을 소비하는 데 활용되고 있다. 이처럼 우리 학생들은 활자 세대가 아닌 직관, 속도와 사고의 효율성을 추구하는 이미지, 움짤 세대이다.

이렇게 학생들의 일상과 특성에 대해 고민하다보니 내러티브니 뭐니 하면서까지 글을 읽도록 하는 것이 아니라 차라리 수많은 데이터베이스 중에서 필요한 정보를 찾아내고 핵심을 탐색하는 능력을 길러내는 것이 중요하다는 생각이 들었다. 또한 영상과 이미지에 담긴 담론을 비판적으로 해석하는 능력을 길러주어 비판적 사고와 통찰력을 함양시킬 수 있도록 도와주자라는 결론에 닿았다.

그리하여 학생들의 관심을 끌기 위해 수업 내용은 생활 경험 중심 사례를 접목시켰다. 또한 수업 방식은 학생들에게 익숙한 영상 및 이미지 활용을 통해 학습자 참여를 이끌어 내는 것을 목표로 정했다. 바로 2학기 수업 방식과 평가 계획을 뜯어고치기 시작했다. 강의식 수업에 익숙하고 만족하던 나에게는 큰 변화와 용기의 시작이었다.

❗ 일상에서 즐거워'지리': 수업 내용과 방법의 구상

수업 내용은 학생들이 쉽게 지나치고, 당연하게 여겼던 일상에서 의미를 발견할 수 있도록 일상의 사례로 구성했다. 그러다보니 자연스럽게 활동 주체가 학생들이 되었고, 교과 내용에 흥미를 갖게 되면서 자발적 탐구가 이뤄짐을 확인했다. 심지어 더 나아가 진로 탐색으로 이어졌으며, 그 과정에서 역량마저 길러지는 게 아닌가! 교실과 수업에 생기가 돌기 시작했다. 이전과는 다른 생기와 학구열이었다.

수업 방법은 첫째, 시뮬레이션 게임을 활용해 수업을 하고 단순하게 암기했던 매커니즘이나 패턴을 이미지로 자연스럽게 인식하여 교과 내용에 적용할 수 있도록 했다. 둘째, 이미지 분석하기 활동을 통해 주변에서 접하는 광고와 이미지 속에 다양한 의미 체계가 숨어있다는 사실을 알려주며 이미지 속 담론을 해석할 수 있도록 구성했다. 단, 이미지 속 담론은 지리적 내용에 비중을 높여 활동을 진행했다. 수업 내용과 수업 방법의 구체적 안내는 다음과 같다.

■ <심시티>를 활용한 도시 사회에 대한 공간 정보 이해(시뮬레이션 게임 활용)

〈심시티〉는 단순히 건물만 짓는 게임이 아니다. 학생 스스로 시뮬레이션을 통해 개발과 환경, 행정, 교통과 같은 문제에 직면하여 이를 해결하는 과정 속에서 도시에 대한 성찰을 해볼 수 있는 매우 유의미한 교육적 교구이다. 다만 교사는 학생들에게 게임을 실행하기에 앞서 가이드라인을 제시해주고, 이러한 부분을 고민해보면서 시뮬레이션을 하도록 안내해야 의미 있는 활동이 될 수 있다.

※ **<심시티> 활용 가이드 라인** : 이런 문제에 대한 해결 방안 및 자신만의 팁을 고민해 봅시다.

· 가장 효율적인 도로 구획 형태는?

· 교통 체증은 왜 일어나는가, 주로 어느 곳에서 발생하나?

· 도로 확장 없이 교통 체증을 줄일 수 있는 방안은 무엇인가?

· 지가(땅값)에 따른 소득 계층 구성은 어떠한가?

· 지가를 높이기 위한 방안에는 어떤 것이 있는가?

· 주거 구역을 늘리지 않고 인구를 늘릴 수 있는 방법은?

· 고급 주택은 어떤 인프라(도로, 항만, 발전소, 건물 등)가 갖추어져야 형성되는가?

· 주변 환경에 민감하게 반응하는 주거 계층은?

· 인구 기피 지역은?

· 님비 요소와 핌피 요소는 무엇인가?

· 주거, 상업, 공업의 공간 입지 형태는 어떠한가? (ex. 주거 지역과 공업 지역은 혼재하여 나타나는가?)

· 세수 확보를 늘리기 위해서는 인구 유입만이 답인가?

· 도시가 성장했다는 메시지는 언제 나오는가?

· 모든 건물은 도로를 끼고 구획한다. 그 이유는?

· 소방서, 경찰서, 보건소를 세울 때 필요한 면적과 서비스 제공 면적을 고려하여 가장 효율적인 설계는 무엇인가?

▲ 실제 배부된 가이드라인 활동지 중 일부

<적용 단원 및 성취기준>

• **단원**: Ⅳ.변화하는 세계의 인구와 도시

• **성취기준**: 세지1243. 경제적 수준에 따른 도시화 및 도시 구조의 차이를 사례 도시를 통해 비교할 수 있다.

<진로를 연계한 도시 계획 주제 선정>

우선 학생들의 흥미를 유발하기 위해 각자의 진로를 연계시킨 도시의 테마를 선정하도록 했다. 환경, 교육, 경제, 무역, 인구, 교통, 조경 등 자신이 관심 있는 테마를 선정해 도시를 경영하면서 자연스러운 진로 탐색이 가능하도록 했다.

<일상에서 지리를 발견하다: 활동 결과물을 통한 실생활 적용 (I)>

실제 인천신현고등학교 주변의 계획 도시인 청라 지구를 사례로 살펴보았다. 〈심시티〉 활동 시 시뮬레이션 했던 내용들을 상기하며 학생들이 해당 단원을 이해하는 데 있어 높은 흥미와 의욕적인 수업 태도를 보였다. 〈심시티〉 활동과 청라 지역의 조감도를 비교하며 계획 도시의 문제점 및 특성을 찾아내는 수업을 했다. 이를 통해 도시 구조의 특성을 자연스럽게 익히는 시간을 가질 수 있었다.

<학생 결과물을 통한 도시화, 도시 구조 수업 적용>

세계지리의 도시 단원에서는 경제적 수준에 따른 도시화 및 도시 구조의 차이를 사례 도시를 통해 비교하는 것이 성취기준으로 나와 있다.

학생의 결과물을 스크린에 띄우고 경제적 수준에 따른 도시 구조 차이를 비교해보도록 했다. 이때 낮은 단계를 수행한 친구의 결과물은 경제적 수준이 낮은 도시 사례로 선정하고 높은 단계까지 수행한 친구의 결과물은 경제적 수준이 높은 도시 사례로 선정하여 비교를 통해 도시 구조를 이해하도록 했다.

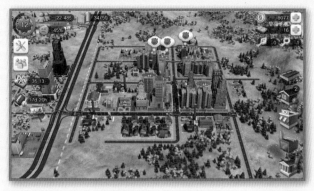

낮은 단계까지 진행된 학생 결과물: '분화가 덜 된 도시 구조'

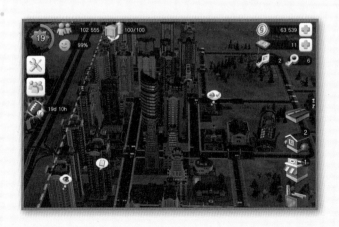

높은 단계까지 진행된 학생 결과물: '분화가 뚜렷한 도시 구조'

▲ 〈심시티〉 학생 활동 결과물

<학생들의 수업 참여도 및 변화>

예전과 달리 수업의 집중도와 이해도가 눈에 띄게 높아졌다. 자연스럽게 주변 도시를 보며 학생들이 〈심시티〉를 떠올려주었고 일상에서 접근성과 지대의 개념, 경제적 격차에 따른 공간 분화 등을 자연스럽게 익히는 모습을 볼 수 있었다. 이 정도면 많은 낯선 교과 용어와 지식을 친근하게 학습했다는 생각이 들었다. 이후 학생들의 배움과 평가를 확인해보고 싶었다. 그래서 활동지를 나눠주고 작성하게 했다. 어떤 학생이 이 활동을 통해 도시 계획과 관련된 새로운 진로에 흥미가 생겼다며 밝은 표정으로 교무실을 찾아와 재잘대던 모습에 어찌나 뿌듯하고 기쁘던지.

활동평가지	<심시티>를 통한 도시 인구, 경제, 정치에 대한 공간정보 이해	학번	이름

※모든 문항은 필수/선택 사항으로 필수항목은 작성하되 선택항목은 말그대로 선택, 작성하고 싶은 친구들만 작성하세요. (모든 문항은 참고하여 세특 기재에 활용)

- **(필수)** 나는 이러한 도시 계획을 세우고 게임 활동을 했어요. (간략한 이유도 제시해주면 좋음)
  (ex. 친환경도시, 경제도시, 거대인구도시, 무역도시, 교육도시, 초경 및 경관을 중시한 도시 등등..)

- **(선택)** 활동을 하면서 도시의 적정 가능 인구는 무엇을 기준이라 생각했나요?

- **(필수)** 시민의 행복도를 높이기 위해 어떠한 고민과 노력을 했나요?
  (교육, 환경 등 OO분야에 대한 고민으로 무엇을 건설했고, 어떠한 문제를 대처했는지 서술하면 됨)

- **(필수)** 활동 중 어떠한 점이 어려웠나요? 반면, 흥미로웠던 점은?

- **(필수)** <심시티> 활동을 통해 도시 계획 및 도시 경영에 대해 어떠한 생각을 갖게 되었나요.

- **(선택)** 시민의 만족도와 세수확보에 영향을 주는 것들은 무엇이었나요? 그리고 도시 경영 중 한정된 자원으로 선택을 해야 하는 상황(자원의 희소성)에서 어떠한 기회비용의 문제에 직면했고, 선택시 무엇에 중점을 두었나요? (ex. 사회간접자본에 투자? 친환경 기술에 투자? 교육? 환경? 등 경험했던 여러 선택의 상황과 관련지어 간략히 서술)

▲ 평가 및 활동지

■ 나침반 틀을 이용한 이미지 분석 활동, '비주얼 리터러시'

다음 소개할 사례는 이미지 분석하기 활동이다. 이때 막연하게 이미지를 분석하기 보다는 나침반 틀을 이용해서 N(natural: 자연적) 측면, S(Social: 사회적) 측면, E(Economic: 경제적) 측면, W(Who's decide?: 정치적) 측면으로 분석할 수 있도록 틀을 제시해주었다. 물론 이를 활용할 때, 고등학교 1~3학년, 또는 개인차에 따라 적합한 수준으로 분석틀을 제시한다면 충분히 모든 수준에 맞게 수업이 원활하게 이루어질 수 있다. 그렇다면 이를 흥미롭게 활용하기에 적합한 단원은 무엇일까 생각해보았다.

<해당 단원 및 성취기준>

- 단원: V.경제활동의 세계화
- 성취기준: 세지1252-2. 생산지와 소비지 분리에 따른 세계 주요 농 · 축산물 교역 과정의 특징과 이와 관련한 지역 변화를 설명할 수 있다.

<평가 계획 및 수업 설계>

- 평가 계획

영역	평가기준	배점
비주얼 리터러시	지역성(예 커피 재배 농가의 모습)이 담긴 사진 선정의 적절성	0~1
	커피 생산지와 소비지 표시 및 국제 이동에 대한 지도 표현력	0~1
	국제 커피 가격의 주된 하락 원인을 경제적 측면(예 수요와 공급)으로 근거 제시	0~1
	개발 도상국에게 불공정한 무역 규칙에 대한 정치적 측면 (예 커피 국제기구 역할, 원료와 가공품 간 관세 정책 등)으로 근거 제시	0~1
	불공정한 무역 구조의 개선 방안에 대한 창의성 및 타당성	0~1

• 수업 설계

구분	학습 내용	학습 형태
1차시	• 세계 기호 작물의 재배 환경과 주요 생산지 및 소비지 파악 • 커피를 사례로 생산, 유통, 소비 과정 이해 • 일반 커피 한 잔의 가격 분석	정보 검색 영상 자료 모둠별 탐구
2차시	• 원두 가격이 하락한 이유를 환경(자연)적, 정치적, 경제적 측면으로 토론 • 원두 가격 하락에도 다국적 기업의 이윤이 늘어나고 있는 이유 분석	정보 검색 모둠별 탐구 및 토론
3차시	• 커피 농민 삶을 담은 사진을 각자 선정하여 자연적, 정치적, 경제적 측면으로 분석 • 불공정한 무역 구조의 문제점에 대한 해결 방안 제시	정보 검색 개별 탐구

이 단원을 가르칠 때 시간을 많이 배정한다. 그 이유는 앞으로 사회의 경제 주체가 될 아이들에게 공정한 분배란 무엇인지에 대해 생각해 볼 수 있는 가장 적합한 단원이라고 생각했기 때문이다. 이 단원은 성취기준에서 명확히 드러나진 않았지만 생산지와 소비지의 분리로 인한 불평등한 교역과 이러한 교역 조건 및 현상을 비판적으로 분석하여 더 나은 세계를 위한 대안을 모색하고 함께 고민해보는 것이 내가 해석하는 교육과정의 핵심 내용이라고 생각했다. 아무래도 세계화 시대에 요구되는 세계 시민성, 다문화 감성, 공감 능력과 같은 역량을 함양하기에 이만한 학습 주제는 없다고 생각했으므로 성취기준에 비해 다소 심도 있지만 교육과정 재구성을 가장 많이 한 단원이었다.

물론 교과서에는 공정 무역과 관련해 초콜릿, 커피, 바나나와 같은 사례들로 구성되어 있어 학습자의 이해를 돕고 있었다. 그러나 이는 초등학교부터 중학교의 모든 사회 교과에 활용되고 있는 식상한 사례들로 학생들의 지적 자극이나 흥미를 일으키는 데 한계가 있다고 생각했다. 그래서 학생들이 평소 봤던 광고나 예술 작품, 상품 표지, 인터넷에 돌아다니는 사진을 가지고 수업을 하면 훨씬 쉽게 교과 내용을 접하고 흥미를 느끼지 않을까 생각이 들었다. 이를 토대로 활동을 진행했다.

<진로 연계한 분석틀 심화 조사하기>

이를 수행평가로 진행했기에 학생들이 평가 부담에서 벗어날 수 있도록 일정 분량만 채우고 수업 시간에 했던 키워드만 해당 분석틀에 제시하면 점수를 부여해주었다. 대신 자신이 더 조사한 부분이나 관심 있는 측면 및 분야는 [N(natural: 자연적) 측면, S(Social: 사회적) 측면, E(Economic: 경제적) 측면, W(Who's decide?: 정치적) 측면 중 선택] 더 추가 작성을 하거나 조사해온 내용을 첨부해도 좋다고 했다. 이 과정에서 자신이 관심 있는 분야를 자발적으로 심층 탐구, 조사하게 해주면서 자연스런 진로 탐색도 이뤄질 수 있었다.

<일상에서 지리를 발견하다: 실생활 적용 (Ⅱ)>

자신이 평소 마음에 들었거나 자주 보았던 사진 한 장을 선정해 프린트를 해오라고 했다. 물론 농민들의 생활상이 담긴 것으로 제한을 두었다. '수행평가에서 벗어났더라면 좀 더 자유로운 선택을 열어 줬을 텐데……'라는 아쉬움이 컸다. 어쨌든 학생들은 저마다의 선정 이유와 개인의 취향에 따라 다양한 사진들을 선정해왔다. 그리고 서로 자연스럽게 사진을 보고 대화를 나누며 느낌을 공유하는 모습에 활동 분위기가 자연스럽게 잡혔다. 본격적인 수업에 들어가서는 나침반 틀에 붙여 이미지 분석 활동을 진행했다.

<학생들의 수업 참여도 및 변화>

학생들이 활동을 통해 이미지와 상품 광고에 대해 한번쯤 의미를 해석해보려는 의욕을 갖게 된 것에 일단 첫 번째 만족을 했다. 이후 아이들은 일상에서 공정 무역 마크만을 찾아보는 단순한 지식 확인이 아닌 이미지와 상품 광고를 통해 공감과 상호 이해, 비판적 시각을 갖게 되었다. 예를 들어 A 학생은 '공정 무역 제품을 소비하는 것이 농민들을 도와주는 사회적 책임을 갖는 소비 활동이기는 하나 공정 무역 마크 인증 비용이 많이 들고 인증 취득이 어렵다는 점을 보면 이 제도가 정말 가난한 농민을 보호하는 제도인가'에 대한 문제를 제기하기도 했다. 그동안 단순히 '공정 무역을 구매하자.', '착한 소비를 통해 농민의 자립을 도와주자.' 등 피상적인 말들만 늘어 놓던 학생들의 반응에서 한층 더 깊이 있는 사고를 하는 모습을 발견했다. 이처럼 빈곤의 근본적 구조를 알게 된 이후로 아이들은 단순 원조를 통한 선진국의 생색에 혀를 내두를 줄 알게 되었고, 이를 근본적으로 해결하기 위해서 '우리가 어떻게 해야 할까?'를 고민하는 과정에서 배움이 일어나고 있었다. 심지어 학기 말에는 학생들 스스로 유니세프와 같은 후원 단체 사이트를 검색하며 일상적 실천 방안을 탐색하고자 하는 사회적 실천적 모습을 보여 주니 교사로서 뿌듯한 순간이었다.

<이미지 분석틀(나침반 틀) 활용법>

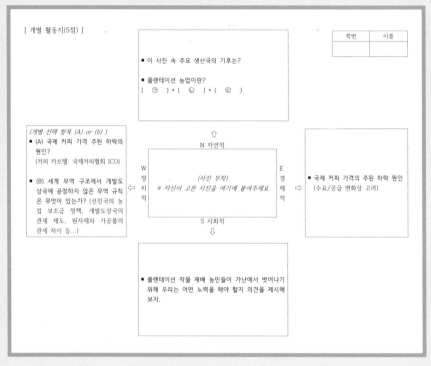

[개별 활동지(5점)]

학번	이름

■ 이 사진 속 주요 생산국의 기후는?

■ 플랜테이션 농업이란?
(㉠) + (㉡) + (㉢)

(개별 선택 항목 (A) or (b))
■ (A) 국제 커피 가격 주된 하락의 원인?
(커피 카르텔: 국제커피협회 ICO)

■ (B) 세계 무역 구조에서 개발도 상국에 공정하지 않은 무역 규칙 은 무엇이 있는가? (선진국의 농 업 보조금 정책, 개발도상국의 관세 제도, 원자재와 가공품의 관세 차이 등...)

N 자연적 ↑

W 정치적

(사진 부착)
※ 자신이 고른 사진을 여기에 붙여주세요

E 경제적

■ 국제 커피 가격의 주된 하락 원인
(수요/공급 변화상 고려)

S 사회적 ⇩

■ 플랜테이션 작물 재배 농민들이 가난에서 벗어나기 위해 우리는 어떤 노력을 해야 할지 의견을 제시해 보자.

▲ 나침반 분석틀

마치면서

    지리를 가르치면서, 지리를 좀 더 깊이 공부하면서 과목에 대한 애 착과 필요성이 커지던 찰나 학생들이 정의 내리는 지리에 대한 느낌들은 '지리는 암기 과목이야.', '지리는 지루해.', '지리는 나라 이름이나 지도에서 위치나 찾는 과목이잖아.'라는 등등의 오명을 씻고 싶었다. 학생들이 말하는 위치나 지명 이러한 것들은 그저 단순한 지리 정보를 말할 뿐이며 우리는 수많은 지리 정보 중 필요한 정보들을 뽑아내어 왜 이러한 현상들이 나타나게 되었는지, 우리는 왜 이러한 생활 양식을 갖게 되었는지, 그들은 왜 그러한 문화와 역사를 갖게 되었는지를 근본적으로 이해할 수 있는 과목임을 알려주고 싶었다. 그러기 위해서는 일단 과목에 대한 흥미를 갖게 해주어야 했다. 또한 일상 속에 지리가 어떻게 자리 잡고 있는지, 녹아들어 있는지를 찾아낼 수 있는 시선과 지리적 사고를 갖게 해주고 싶었다. 그래서 일상 사례를 수업으로 끌어들였고, 그 과정에서 이미지 세대인 학생들을 데리고 어떠한 방식으로 수업을 해야 하나에 대한 고민으로 나아갈 수 있었다.

'아는 만큼 보이고, 보이는 만큼 세상을 느낀다.'라는 말이 있다. 내 지리 수업의 방향은 과거를 분석하고, 현재를 이해하며, 더 나은 미래와 대안을 제시할 수 있는 다양한 시각을 길러주고자 한다. 즉, 일상에서 발견해내는 지식의 기쁨을 알고, 배움으로 앞으로의 일상이 풍요로워지는 행복을 느낄 수 있도록 해주는 것이 현재의 수업 목적이다. 학생들이 나의 지리 수업을 통해 매일 보던 것을 새로운 시각으로 바라볼 수 있길 바라며, 배움의 맛을 교사와 학생이 진하게 교감할 수 있기를 바라본다.

8

미적분 Ⅰ

이선영

협력과 공유가 있는 수학교실

🛈 수학을 가르치는 이유? 수학을 배워야 하는 이유?

수학 교사로 교직에 들어온 지 어느덧 14년이 되었다. 수업을 준비하면서 항상 가장 먼저 염두에 두는 것은 '어떻게 가르치면 아이들이 잘 이해할 수 있을까?'였다. 그렇게 노력한 결과 지금까지 나름대로 잘 가르친다고 학생들에게 인정받아 왔고, 나 또한 스스로 만족하며 가르치고 있었다.

그러던 나는 둘째 아이 출산으로 인한 육아 휴직을 계기로 변화했다. 휴직 기간 동안 미디어에서는 유난히 교육의 변화를 다루었고, 그중 '21세기 교육혁명 미래 교실을 찾아서(KBS 파노라마), 학교의 진화(KBS 교육혁신프로젝트)' 등의 프로그램에서 소개하는 '거꾸로 교실', '세상을 바꾸는 교실' 등을 보며 '과연 나는 학생들에게 배움이 일어나는 수업을 했는가.'라는 반성을 하게 되었다.

교사가 잘 가르치는 수업이 아닌 학생이 잘 배우는 수업은 어떻게 하면 되는 것일까? 학생이 스스로 생각할 수 있고 함께 즐길 수 있는 수업, 소통하고 공유하는 수업으로 만든다면 학생들에게 배움이 일어나는 수업이 되지 않을까라는 생각이 들었다. 그렇다면 학생이 즐겁게 배울 수 있는 수학 수업은 어떤 것일까?

❗ 나의 수업 디자인, 고3부터 시작하다

'거꾸로 교실', '배움의 공동체', '질문이 있는 교실' 등의 연수를 들어 보면 결국 중요한 것은 배움의 중심에 교사가 아니라 학생이 있어야 한다는 것이었다. 수업에서 필요한 것은 학생 스스로 탐구하고, 서로 협력하고 공유하는 활동이었다. 나는 '아이들은 혼자 문제를 해결하려고 하면 도움을 받을 곳이 없어서 어려워했어. 매번 선생님을 찾아다닐 수도 없는 일이야.'라는 고민 끝에 '숙제로 문제를 푸는 것이 아니라, 수업 시간에 모둠별 협력 학습을 통해 문제를 풀어보는 건 어떨까? 일단 도전해 보자!'라는 결정을 내렸다. 1년의 육아 휴직은 바뀐 교육 환경에 대한 고민의 시간이었고, 복직은 고민의 결과를 실천으로 옮기는 도전의 시간이 되었다.

2016년 3학년 수학 수업을 맡게 되었고, 1년 동안 고민했던 수업 방법을 적용하기에 고3 입시란 큰 벽을 만났다. 3학년 수업을 함께 맡은 수학 선생님에게 모둠별 협력 학습을 하려고 하는데 어떻게 생각하느냐고 물어보았다. 돌아온 대답은 '그게 가능하냐'는 말과 '과연 입시가 우선인 고3 학생에게 그런 수업이 의미가 있느냐'라는 걱정 가득한 말들이었다. 그러나 수업을 바꾸고 싶다는 생각이 든 이 시점에서 시작하지 않으면 다시는 도전할 힘이 생기지 않을 수 있다는 생각에 겁도 없이 입시가 코앞인 고3 학생들을 데리고 모둠별 협력 학습을 시작했다.

고3 문과 학생을 대상으로 '미적분과 통계기본' 과목의 – 수업 내용의 대부분은 수능 특강이었지만 – 수업 형식을 바꿔 보았다. 교사는 기본 개념에 대한 설명을 간단하게 하고 수업의 대부분은 모둠별 협력 학습 시간으로 운영했다. 모둠별 협력 학습은 문제의 수준을 고려하여 배움(기본 수준), 도전 과제(심화 수준)의 2단계 학습지를 만들어 학생들에게 나누어 주고, 각 학습지마다 개별 문제 풀이(4문제당 10분 정도) 후 모둠원이 풀이를 공유하는 시간(학습지당 5분 정도), 모둠의 대표자가 발표하는 시간을 주는 것으로 진행했다.

한 학기가 지난 후 학생들은 모둠별 협력 학습으로 수학 수업이 진행되어 그동안 수업에 수동적이었던 자신들이 적극적으로 문제에 도전하고, 발표할 수 있어서 의미가 있었다는 반응이 들려오기 시작했다. 이 말들에 힘입어 수능을 볼 때까지 모둠별 협력 학습으로 수업을 진행했고, 학생들은 "수업 시간에 스스로 문제 해결 방법을 생각해보는 시간이 많아져서 좋다.", "혼자 보다 같이 하니 수학에 대한 부담이 줄었다.", "지금까지 학교에 와서 수학 발표를 처음 해봤다. 너무 신난다." 등 수업에서 의미를 발견했다. 이러한 경험을 바탕으로 모둠별 협력 학습을 활용한 수업 방법에 대한 자신감을 갖게 되었고, 2학년 미적분 수업을 맡게 된 2017년에는 '학생들이 참여하여 즐겁게 진행되는 수업 디자인으로는 어떤 것이 있을까?' 고민하고 다시 더 큰 도전을 했다.

▲ 서로 가르쳐주며 배움을 공유하는 '배움 & 도전 과제' 수업 모습

⚠ 협력과 공유가 있는 미적분 수업

| 모둠 구성

모둠별 협력 학습의 시작은 모둠 구성에 있다. 모둠 구성에 앞서 필요한 부분은 학생들이 왜 모둠으로 수업을 진행하는지를 이해하게 하는 것이다. 수학 문제를 풀다가 막히는 부분이 생길 때 서로 도움을 주고받을 수 있는 동반자의 집단이 모둠이라고 학생들에게 설명했다. 학생들에게 교사 혼자 수업을 하는 것보다 학생들이 서로 이야기를 하며

모둠으로 수업을 한다면 수업이 지루하거나 힘들지 않을 것이니 믿고 한 번 도전해보자고 말했다. 그래서 학생들이 서로 편하게 자신이 아는 부분에 대해 알려줄 수 있도록 모둠 내에서 역할은 부여하지 않았다. 물론 모둠 내에서 협력이 원활하게 이루어질 수 있는 환경이 되려면 성적이 우수한 학생이 모둠마다 필요하다. 이를 위해 첫 시간에 1학년 수학에서 배운 것 중 미적분 I에 필요한 내용으로 구성된 진단평가를 실시하여 성적(상, 중상, 중하, 하)에 따라 한 모둠에 4명씩 구성했다. 모둠 활동 시에 3명으로 구성하면 어느 1명이 소외되고, 5명 이상은 산만하게 운영될 수 있기 때문에 4명이 적절했다. 그리고 정기고사가 끝난 후 성적에 따라 모둠을 재편성하여 운영하며, 학급 안 여러 친구들과의 의사소통 기회를 주었다.

> **여기서 TIP 한 가지!**
> 학년 초에는 모둠 활동을 할 때 잘 참여하지 않고, 혼자 문제를 풀던 학생들도 한 학기가 지나니까 오히려 적극적으로 친구들에게 도움을 받거나 도움을 주는 학생으로 변하기 시작했다. 모둠의 재편성을 통해 여러 친구들과 이야기하면서, 친구들과의 관계도 개선되었다.

| 수업

수업을 계획할 때는 학생들이 스스로 문제 해결 방법을 찾아볼 수 있는 기회가 있도록 구성하는 것에 초점을 맞춘다. 보통의 수학 시간에는 교사가 먼저 내용을 가르쳐주며, 학생은 공식을 외우고 공식에 대입하여 계산하는 과정으로 진행되고는 한다. 그렇다면 이런 일방향의 수업보다는 학생들이 수업 시간에 왜 그런 공식이 나왔는지 찾아볼 수 있는 과정을 넣고, 교사는 학생들이 잘 찾아갈 수 있도록 방향을 잡아주는 역할을 한다면 학생들이 즐겁게 참여하지 않을까 하는 생각을 하게 되었다. 이런 생각으로 시작한 수업 계획 중 하나를 소개한다.

관련 단원	Ⅳ. 다항함수의 적분법	
교육과정 내용	곡선으로 둘러싸인 도형의 넓이를 구할 수 있다.	
성취기준	미적 1431. 곡선으로 둘러싸인 도형의 넓이를 구할 수 있다.	
성취수준	상	곡선으로 둘러싸인 도형의 넓이를 구할 수 있다.
	중	주어진 곡선과 x축 또는 y축으로 둘러싸인 도형의 넓이를 구할 수 있다.
	하	주어진 곡선과 x축으로 둘러싸인 도형의 넓이를 구할 수 있다.

지금까지 '넓이' 단원을 수업할 때, 학생들이 공식을 외우고 대입하여 정적분을 계산하는 방식으로 진행했다. 적분이 나오게 된 시작은 '해마다 하천의 범람이 되풀이되는 상황에서 토지의 넓이를 어떻게 재느냐'처럼 실생활에 필요한 문제였지만, 수업 시간에는 어떻게 하여 그런 공식이 나왔는지 알아보는 과정이 없는 것이 안타까웠다. 따라서 땅의 넓이를 어떻게 구할 수 있고, 길을 어떤 모양으로 내는 것이 효율적인지에 대한 상황이 담긴 읽기 자료를 제시하여 모둠별로 문제를 해결하는 시간을 가졌다.

• 1단계: 공원에 산책로를 만들 때 탄성포장제로 덮으려고 하는데 어떤

모양으로 길을 만들어야 효율적인 방법인지에 대한 읽기 자료와 정적분의 정의, 미적분의 기본 정리가 들어간 읽기 자료를 제공한다. 그리고 학생들이 읽기 자료를 읽고 곡선과 x축 사이의 넓이 구하는 방법에 대해 토의한 후 기본 문제인 '배움 문제'를 해결한다. 이때 배움 문제를 해결하는 과정은 다음과 같다.

① 개인별로 읽기 자료를 읽고 배움 문제를 풀어볼 시간을 준 후 ② 모둠별로 서로 해결한 내용을 공유할 시간을 주며, ③ 곡선과 x축 사이의 넓이를 구하는 방법에 대해 모둠별로 정리하는 시간을 준다.

> **여기서 TIP 한 가지!**
>
> 각 단원의 실생활의 예는 교과서의 '생각열기', '소통과 나눔' 등의 자료를 이용한다. 이때 학교에서 선정하지 않은 타 교과서의 예를 사용하면 학생들의 반응이 더 좋다.

- 2단계: 모둠별로 찾아낸 넓이를 구하는 방법을 확인한 후, 교사가 넓이 공식을 수학적 기호화하여 제시하면, 학생들은 학습지에 이 내용을 정리한다.
- 3단계: 곡선과 y축 사이의 넓이에 대한 문제와 두 곡선 사이의 넓이를 구하는 문제를 '도전 과제'로 제시한 후 1단계와 마찬가지로 개별 문제 풀이와 공유의 시간을 준 후 발표를 통해 정리한다.

2차시

이제 1차시에서 배운 곡선으로 둘러싸인 도형의 넓이를 구하는 방법을 이해했는지 확인해볼 시간이 필요하다. 모두 같은 시험지로 테스트하는 것보다는 모두가 즐겁게 계산 과정을 익히고, 서로 풀이 과정을 공유할 수 있는 수업을 하고자 했다. 온라인 연수 자료와 수학 선생님들의 블로그를 통해 알게 된 수업으로 계산 과정을 확인해보는 데 활용하기 좋은 방법 하나가 '도전! 릴레이 퀴즈'[1]이다.

- 1단계: 곡선과 x축 사이의 넓이, 곡선과 y축 사이의 넓이, 두 곡선 사이의 넓이에 대한 기본 수준이지만 중요한 문제를 8문제로 구성한 학습지를 모둠의 개수만큼 세트로 제작한다. 이때 학습지의 문항은 유형과 수준은 같은데 숫자 정도만 다른 것으로 선택한다.

- 2단계: 모둠장이 교실 앞쪽에 나와 모둠의 학습지를 선택하여 가져가게 하고, 모둠별로 약 15분 동안 6문제를 풀도록 한다. 학습지는 모둠원의 개수만큼 배부하고, 학생들이 문제를 푸는 동안 교사는 B4 용지에 크게 학습지를 뽑아서 그 모둠에서 멀리 있는 벽에 부착한다. 이는 문제 해결 시 같은 모둠원 간 힌트 주는 것을 방지하기 위함이다.

- 3단계: 모둠별 문제 해결 시간이 끝나면 모둠원의 순서를 정하여 릴레이로 자신의 모둠의 학습지가 붙어 있는 벽으로 가서 1분 동안 문제를 풀고 오는 과정을 진행한다. 이때 1회 회전 시 1사람당 문제를 1개만 풀 수 있다. 벽에서 풀 때에 순서마다 다른 색깔 펜(예 1번 학생 – 파란색, 2번 학생 – 초록색, 3번 학생 – 파란색, 4번 학생 – 분홍색)을 정하여 작성하게 하면, 진행 정도를 파악할 때 편리하다.

- 4단계: 3단계의 활동 1회가 끝나면, 다시 3단계에서 했던 학생의 순서대로 1회를 더 진행한다. 이때에는 학생들이 벽으로 가서 1분 동안 모

---

1) 미래교실네트워크, 거꾸로 교실 수업 자료(릴레이 문제 복습 게임)

둠원들이 해결하지 못한 문제를 해결하거나, 모둠원들이 해결한 내용이 맞는지 점검한다.

- 5단계: 두 바퀴가 돌고 나면 교사가 각 모둠의 벽에 붙은 활동지를 채점한다. 이때 모두 맞으면 칭찬 도장 2개, 1~2개 틀리면 칭찬 도장 1개의 보상을 해주면 학생들은 문제를 해결한 것에 대해 성취감도 맛볼 수 있다.

▲ 도전! 릴레이 퀴즈

| 중단원평가

수업의 형태는 중단원을 기준으로 이루어진다. 배움-도전 과제 학습지를 통한 개인별 문제풀이와 모둠원의 풀이를 공유하는 시간으로 중단원이 마무리되면 중단원평가를 진행한다. 중단원평가를 학생 성적에 따른 줄세우기 자료로 활용하기보다는 학생들이 단원에서 배워야 하는 내용을 어느 수준까지 이해했는지 알아보고, 협력과 공유를 통해 자신의 부족한 부분을 채워나갈 수 있는 시간으로 구성했다.

2016년 3학년 학생들과 시작한 중단원평가는 색이 다른 포스트잇에 인쇄된 수준별 문제(분홍색 포스트잇: 상, 노란색 포스트잇: 중, 파란색 포스트잇: 하)를 이용한 테스트였다. 교사는 수업 전에 모둠 개수의 색깔별로 3~4배 문제를 포스트잇에 인쇄한다. 수업이 시작되면 교사는 칠판에 문제를 수준별로 모아서 부착한다.

- **1단계**: 모둠별 대표가 앞으로 나와 수준별로 3문제씩 선택하여 자리로 돌아간다. 그리고 모둠원이 2~3문제(모둠원 4명 기준)씩 나누어 자신의 빈 시험지에 붙이고, 문제를 해결한다. (단, 각 모둠원은 색깔별로는 1문제씩만 가져갈 수 있게 한다.)
- **2단계**: ① 15분 정도 개인별로 해결할 시간을 준다. ② 그 뒤 모둠별로 공유할 수 있게 10분 정도 시간을 준다.
- **3단계**: 공유가 끝난 모둠 안으로 교사가 투입되어 정답을 확인해준다. 모두 맞은 모둠에게는 칭찬 도장 1개의 보상을 주고, 틀린 문제가 있는 모둠은 다시 해결할 시간을 준다.

여기서 TIP 한 가지!
수업 시간 안에 포기하지 않고 끝까지 해결해서, 문제를 모두 해결한 모둠에게는 모두 칭찬 도장 1개를 보상한다. 칭찬 도장 1개에도 즐겁게 참여한다.

이러한 평가 방법을 적용했을 때, 아이들은 시험이라기보다는 게임이라고 생각하며 적극적으로 문제를 해결하기 시작했다. 하지만 횟수가 반복될수록 잘하는 학생이 혼자 다 풀어서 확인을 받는 사례가 늘어나기 시작했다. 이에 2017년 2학년 수업에서는 수준별 학습지를 활용한 중단원평가로 변형했다. 수준별 학습지는 기초 단계 - 보라색, 기본 단계 - 노란색, 심화 단계 - 흰색 등 수준에 따라 색깔이 다른 A4용지에 인쇄한다.

- 1단계: 수업이 시작되면 학생들이 교실 앞에 나와 자신의 수준에 맞는 색깔의 학습지를 선택하여 모둠으로 돌아간다.
- 2단계: 개인별로 자신이 선택한 학습지의 문제를 모두 해결하면 교사에게 정답을 확인받는다. 틀린 문제가 있으면 다시 자리로 돌아가 맞을 때까지 해결한다. 자신이 가져간 학습지의 풀이가 모두 맞으면 다음 수준의 학습지를 가지고 가서 해결한다.

여기서 TIP 한 가지!
수업에 '달콤한 수학 퀴즈'라는 부제를 붙여서, 한 단계를 통과할 때마다 알사탕 하나씩 제공했다. 학생들은 작은 사탕 하나에도 평가에 더욱 즐겁게 참여한다.

이러한 평가 방법을 적용했을 때, 평가 과정 중에 모둠 안에서 먼저 통과한 학생이 자연스럽게 다른 모둠원을 도와주고, 다른 모둠으로 이동해서 어려워하는 학생들도 도와주는 등 자연스럽게 협력 학습이 이루어졌다. 2016년에 실시한 중단원평가보다 협업이 많이 일어났고, 학기 초에 ⓒ수준까지만 해결하던 학생이 학기 말에 ⓢ수준까지 해결하는 모습을 보이는 등 학생들이 자신의 성취도를 스스로 점검하고 자신의 발전을 확인할 수 있는 기회가 되었다. 또한 학생들이 바르게 풀었는지 확인하기 위하여 교사는 학생들의 풀이를 보며 왜 그렇게 풀었는지 학생이 직접 설명하는 과정을 추가했다. 이를 통해 학생들의 수준을 더 깊이 파악할 수 있었다.

▲ 색깔 포스트잇에 인쇄된 문제를 이용한 중단원평가

▲ 색깔 수준별 학습지를 통한 중단원평가

🄋 학생들의 수학 수업에 대한 생각

≫ 모둠별로 친구들과 함께 문제를 해결하며 모르는 친구를 알려주기도 하고, 내가 친구에게 배우기도 하면서 서로 성장할 수 있었다. 또한 발표를 통해 내가 알고 있는 방법을 친구들에게 설명하여 내용을 더 확실히 숙지할 수 있었고, 발표에 대한 자신감도 길렀다.

≫ 새로 배우는 내용에 대해 먼저 친구들과 토론을 통해 문제를 어떻게 풀지 의논하면서 스스로 생각하는 기회를 갖게 되어 수학에 흥미가 생겼다. 발표를 통해 사람들 앞에 나서는 것에 대한 두려움이 줄었다. 수학 문제를 푸는 것이 짜증나고 지루한 일이었는데, 2학년이 되어서 처음으로 문제를 콧노래가 나올 정도로 신나게 풀었다.

≫ 직선의 방정식을 배울 때 릴레이 퀴즈로 문제를 앞에 나가서 풀면서, 맞을까 틀릴까 조마조마해 하며 친구들의 풀이를 지켜봤다. 친구들과 서로의 풀이가 맞는지 확인해주는 과정을 통해 자연스럽게 직선의 방정식 문제 유형에 따라 다른 풀이를 쓰는 걸 이해할 수 있었다.

≫ 원래는 문제를 풀다가 안 풀리는 문제가 있으면 금방 포기하는 스타일이었는데 모둠 수업을 한 후인 지금은 조금 더 생각해보고, 문제를 끝까지 푸는 습관이 길러졌다. 발표를 통해 내 문제에 대한 자신감도 가지게 되었다.

≫ 프린트를 풀 때 모둠원들과 물어보고, 가르쳐주기도 하면서 미적분에 대해 흥미를 더 가지게 되었고, 같은 문제라도 친구들마다 다른 풀이 방식을 가지고 있어 서로 공유하는 것도 재미있고 좋았다.

문제풀이가 힘든 친구들을 도와주며 수학 문제를 어떻게 풀면 쉽게 설명할 수 있는지 고민하면서 풀이에 대해 좀 더 다양한 시각을 갖게 되었다.

≫ 기초, 기본, 심화 단계로 나누어진 문제지를 풀면서 나의 이해 정도를 알 수 있어 좋았고, 시간이 지나면서 심화 문제도 풀어볼 수 있게 되어서 뿌듯했다.

≫ 미적분 수업 시간에 모둠끼리 수학 문제를 토론하고 상의하는 활동으로 1학기 수학 성적 향상에 도움이 되었다. 친구들에게 설명을 해주고, 발표를 통해 수학 문제를 설명하면서 내가 실수를 한 부분이나 그 문제에 대한 개념과 풀이 과정들이 더욱 오래 기억에 남았다.

≫ 모둠원들과 문제를 풀 때 친구가 모르는 게 있으면 자신있게 알려주며 스스로 고민하고 준비하는 자기주도 학습 능력을 기르게 되었고, 발표하면서 친구들과 선생님의 칭찬을 받으며 자신감도 키우게 되었다.

≫ 모둠 수업을 하면서 작년보다 활발하게 수업에 참여하게 되었다. 친구들과 함께 하는 활동이 있을 때 모르는 것을 알려주고, 때로는 도움을 받으며 함께 하는 수업이어서 졸지도 않으니 성적도 좋게 나왔다. 지금도 만족하지만 다음 학기에는 더 적극적으로 수업에 참여할 것이다.

≫ 모둠별로 친구들과 문제를 풀고 서로 맞는지 확인하면서 다시 새로운 풀이를 얻거나 틀린 부분을 고칠 수 있는 피드백을 받을 수 있었으며, 다른 친구들이 틀린 부분을 발견했을 때는 구체적으로 왜 틀렸는지를 설명할 수 있는 능력이 생겼다. 중단원평가를 통해 상·

중·하 문제를 풀면서 모르는 부분은 친구들이나 선생님을 통해 해결하면서 모르는 문제에 대해 소극적이지 않고 더 적극적으로 달려들 수 있는 태도를 갖게 되었다.

⚠️ 교사와 학생이 함께 즐거운 수업

많은 교사들이 각종 수업 관련 연수와 도서, 교육 박람회 등을 통해 수업의 새로운 방법을 찾아보고, 수업을 바꿔보려고 노력한다. 새롭게 등장하고 있는 수업의 기법들에서는 공통적으로 수업은 학생들이 참여하며, 스스로 방법을 찾고 질문을 할 수 있도록 계획해야 한다는 이야기를 하고 있다. 이는 수업의 중심이 교사가 아니라 학생이 되어야 한다는 인식의 변화를 보여 준다. 여기서 중요한 것은 수업을 바꿔보겠다는 용기와 의지, 그리고 교사와 학생 간의 신뢰 형성이다.

모든 것은 경험에서 발전한다. 수업을 바꾸는 것은 어렵지만, 한 번 해 보고 나면 학생이 즐거운 수업이 아니라 학생과 교사가 함께 즐거운 수업이 되고 있음을 느낄 수 있다. 수업 시간에 학습지에 문제 상황만 넣어 주었을 뿐인데, 같이 생각해 보라는 말을 꺼내기도 전에 학생들은 서로 해결 방안을 찾으려고 토의를 시작한다. 교사가 생각한 것보다 더 많은 것을 찾아내는 모습과 서로 의견이 다를 때 왜 그런지 스스로 찾아보려고 하는 학생들의 모습을 보면 수업을 바꾼 것이 잘한 일이라는 생각을 하게 된다.

학생들이 지루해하고, 어려워하는 과목 중 대표적인 것이 '수학'일 것이다. 이런 수학 수업에 학생들의 협력과 공유만 있어도 수업은 살아난다. 수업이 끝난 후 학생들이 '수학 시간이 즐거워요.', '저 오늘 발표도 했어요. 잘했죠?', '선생님하고 수업을 해서 너무 좋아요.'라는 말을 할 때면, '좋게 생각해줘서 고마워. 선생님도 너희들이 잘해줘서 너무 좋아.'라고 대답을 한다.

교사가 학생을 위해 수업 변화에 대하여 고민하는 모습을 본 학생들은 그 마음을 알아주고 자신들도 고민하고 노력한다. 학생과 교사가 함께 노력하고 발전하는 모습. 나는 수업으로 학생과 교사 모두에게 의미 있고 행복할 수 있도록, 오늘도 도전한다. 도전!

9

♪♫ 음악과 생활

형인이

함께 만드는
배움의 음악 수업

! 수업 설계의 시작: 난 아이들에게 어떤 도움을 줄 수 있을까?

하루하루를 스펙터클하게 보내게 해준 중학생들을 가르치다 여고로 부임 받은 첫 날의 기억이 아직도 생생하게 떠오른다. '정말 수업다운 수업을 해보겠구나.' 그동안 목이 쉬어라 역동적이면서도 열정적인 음악 수업을 중학생들과 함께 했다면, 고등학교로 와서는 70~80년대 여고 시절 낭만은 아니더라도 교양을 갖춘 음악 수업을 기대해 보며 새롭게 받은 교과서를 가지고 임용 대비 시험 공부 못지않게 준비를 하며 아이들과 함께 수업할 날을 기다렸던 것 같다.

처음 만난 아이들 역시 고등학교에 갓 올라와 두려움 반, 설렘 반으로 수업을 들었다. 열심히 하는 학생들이 많아 내신 성적을 좋게 받기 힘들다는 소문 때문에 학교생활을 제대로 시작하기도 전에 자신은 내신이 좋지 않아 원하는 대학 가기는 힘들겠다며 미리 자신의 운명을 점치는 학생들이 있는가 하면, 고1이 되었지만 아직도 무엇이 되고 싶은지 어떤 분야로 진로를 결정해야하는지 막막하다는 이야기로 첫 대화를 시작했고 진로에 대한 이야기는 우리의 단골 레퍼토리가 되었다.

아이들의 이런 이야기를 들으면서 '내가 가르칠 아이들에게 나는 음악 수업을 통해 어떤 도움을 줄 수 있을까?'라는 고민을 하게 되었고, 이것이 수업 연구의 시작이 되었던 것 같다.

신규 교사 시절에는 음악적인 내용을 조금이라도 더 많이 가르치고자 수업의 질보다는 양에 집중했다면, 지금은 아이들이 사회에 나가 자신의 역량을 발휘할 수 있도록 음악으로 도움을 주기 위해 다양하고 융합적인 수업을 설계하고 있다.

⚠ 첫 번째 수업 열기: 나의 삶, 나의 음악

음악 수업의 첫 주제는 '나의 삶, 나의 음악'이다. 이 수업은 그동안 살아오면서 자신에게 가장 의미 있는 음악을 소개하는 시간이다.

예전에는 처음 아이들을 만나 수업을 시작할 때 자신의 이름, 출신 학교, 새로 만난 친구들에게 하고 싶은 말 등 간단한 자기소개를 돌아가면서 하도록 했다. 하지만 10반이나 되는 한 학년을 혼자 가르치는 나에게 아이들의 이야기는 기억하기도 쉽지 않을 뿐더러 학생들도 뻔한 이야기에 귀를 기울이지 않았다. 그러다 일반적인 자기소개가 아닌 '음악으로 자신을 표현할 수 있는 주제가 무엇이 있을까?'라는 고민을 바탕으로 각자에게 의미 있는 음악과 자신의 이야기를 엮어 발표하게 했다. 아이들이 이야기하는 시간이 한 시간, 두 시간 늘어가면서 점점 우리는 서로에게 관심을 가지고 알아가기 시작했다.

수업 진행은 교사가 먼저 자신의 이야기와 관련된 음악 이야기로 시작한다. 이는 사전 수업에 대한 설명과 자신에 대한 이야기를 음악과 함께 표현하는 데 막막해 하던 학생들에게 미리 하나의 예시처럼 제시하여 학생들의 이해를 도울 수 있었다. 수업의 운영 시기는 1학기 초반에 운영하거나, 1학기 34차시 수업 중 매 수업을 진행하기 전에 1명씩 5분 정도 자신의 이야기를 할 수 있도록 해 1학기에 걸쳐 진행하기도 한다.

학급의 친구끼리만 서로 공유할 수 있기에 비밀 이야기마냥 시간이 거듭될수록 진솔하게 자신에 관련된 이야기를 나누었으며, 어떤 학생은 "왜 꼭 1곡만 해야 하나요? 선생님 다른 곡도 하고 싶은데 여러 곡 하면 안 될까요?"라고 의욕이 대단했던 학생들도 있었다.

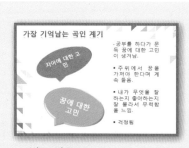

▲ 발표 자료

▲ 음악과 관련된 자신의 이야기 발표

▲ 포트폴리오 발표

▲ 학급 감상 목록

무엇보다 이 수업은 진솔하게 자신의 이야기를 표현하게 되어 서로의 성격을 알아가고 공감하는 시간이 되었다. 이후 수업 시간 외에도 진로 상담이나 자신의 고민을 말하는 학생들이 늘어나 자연스럽게 생활지도로 이어졌다. 또한 학급 구성원 30여 명의 학생들이 들려준 곡들은 본인 학급만의 음악 감상곡이 되어 교사가 수업 활동으로 제시하는 악곡 외에 30여 곡을 더 들을 수 있어 다양한 악곡을 체험하는 시간이 되었다.

❗ 지역 사회 연계 수업: 내가 태어나고 내가 자란 고장에 대해 알기

임용고사 합격 후 연수를 받을 때 애향심에 대해 이야기를 나눈 적이 있다. 무엇보다 인천은 타 지역 사람들이 많이 거주하다 보니 인천에 대한 애착심과 애향심이 다른 지역에 비해 상대적으로 낮아 지역에 대한 많은 관심이 필요하다는 이야기였다.

그때에는 이런 이야기를 별로 귀담아 듣지 않았고, 발령을 받은 후에는 교과서로 수업 구상하기에 바빴으며, 맡은 업무를 수행하느라 매일이 전쟁과 같은 삶을 살았다.

그러다 어느 정도 교직 생활에 익숙해질 무렵 항상 배우는 전통음악, 대중음악 부분에서 민요의 경우 여러 지역의 민요가 모든 교과서에 빠지지 않고 수록되었는데, 정작 '인천의 민요는 왜 배우지 않지? 인천의 민요, 대중음악은 무엇이 있을까?' 문득 궁금해지기 시작했다.

학생들이 졸업 후 인천 이외의 곳에서 생활하게 될 텐데 이럴수록 본인이 자란 지역에 대한 관심과 사랑이 더욱 필요하다고 느꼈다. 이에 '자신이 자라고 꿈을 키운 고장에 대하여 자세히 배울 수 있는 시간을 우리는 제공하고 있는가?'라는 문제의식을 갖게 되었다. 그래서 음악 수업에서 지역 사회를 연계할 수 있는 방법이 무엇인지 고민하기 시작했다.

이를 바탕으로 2016년부터 지금까지 '인천의 소리를 찾아서'라는 주제로 지역 사회 연계 수업을 진행하고 있다. 이 수업은 가창, 감상, 기악, 창작 전 영역에 활용할 수 있으며, 필요한 경우에는 전문가를 초청하여 수업을 운영하기도 했다. 또한 학생들이 주제에 대해 탐구하여 여러 가지 방법으로 표현할 수 있도록 기획했다.

❗ 어떻게 지역 사회 연계 수업을 진행했는가?

'인천의 소리를 찾아서' 수업은 1학기 동안 인천에 관련된 내용과 인천의 민요를 학습하는 시간이다. 수업을 기획하면서 민요 분야에 보다 전문성을 강화하기 위하여 인천 민요 관련 전문가(예술강사 및 무형문화재 이수자)를 초빙하여 코티칭 수업으로 계획했다.

2016년도에는 '강화 배치기소리', '연평도 난봉가', '나나니 타령'을 학습했고, 2017년도에는 '서곶 들노래'에 수록된 모심기 소리, 공부 타령 등을 배웠다. 전문가 초청 수업은 악곡에 관련된 인천의 숨은 이야기와 역사에 대해 자연스럽게 배우는 시간이었다. 또한 악곡과 관련된 표현 학습 및 개사하기 활동은 아이들이 창의력 발휘하여 자신의 생각을 표현하고, 친구들과 협업하면서 공동체의 중요성을 깨닫는 시간이 되었다. 이 수업을 기획한 교사 입장에서도 지역에 관한 다양한 악곡을 배울 수 있어 가창 활동뿐만 아니라 음악 활동 전 영역에서 도움을 받았다.

▲ 악곡 내용 이해

▲ 강화 배치기소리 표현 활동

▲ 서곶 들노래

▲ 특별강사 수업(나나니 타령)

특히 지역 사회 연계 수업은 타 교과와 융합하여 운영할 수 있는 요소가 많기 때문에 다양한 교과 간 협력 수업을 기획하여 운영한다면 학생들의 융합적인 사고력과 표현력을 증진시키기에 유용하다고 생각한다.

이렇게 배운 인천과 관련된 민요들을 바탕으로 2학기에는 창작 수업을 운영했다. 창작 수업은 인천에 관련된 역사, 건축물, 음식 등 다양한 문화 요소들을 바탕으로 수업 내용을 재구성하여 모둠 활동으로 창작을 하는 것이다. 창작 활동 중 기존 악곡에 개사를 할 때에는 인천과 관련된 악곡을 이용하여 개사하도록 했으며, 원곡과 개사한 곡을 비교하여 감상할 수 있도록 했다. 이렇게 알게 된 인천에 관련된 악곡은 1년에 22곡 정도이며, 군음, 방죽맥이 등 전통음악에서부터 인천 아시안 게임 공식 주제가 등 최근 대중음악까지 악곡도 다양하게 탐색하여 학생들이 활용했다. 창작 수업과 관련된 차시별 운영 계획을 소개하면 다음과 같다.

구분	학습 내용	학습 형태
1차시	• 인천과 관련된 음악을 연도별, 장르별로 찾아보기 • 시대의 흐름에 따라 인천에 관련된 음악의 장르가 어떻게 변화해 왔는지 이야기 나누기 • 인천에 관련된 대표곡을 선정하여 가사의 의미를 조사하기	• 모둠별 토론 • 강의식 수업
2차시	• 시대의 아픔을 가지고 있는 가사 혹은 인천을 홍보하기 위한 가사, 자신이 살아왔던 고장에 대한 개인의 추억이 담긴 가사가 음악의 소재가 됨을 알고 인천과 관련된 악곡을 모둠별로 선정하기 • 선정한 악곡에 대한 가사의 내용을 음미하여 관련된 인천의 역사적인 사건이나 흐름에 대해 조사하기	
3차시	• 인천과 관련된 음악을 연도별, 장르별로 찾아보기 • 시대의 흐름에 따라 인천에 관련된 음악의 장르가 어떻게 변화해 왔는지 이야기 나누기 • 인천에 관련된 대표곡을 선정하여 가사의 의미를 조사하기	• 모둠별 토론 • 강의식 수업

4차시	• 조사한 내용을 바탕으로 개사하기(음악의 어울림과 메시지 전달의 정확성, 표현 활동 방법 토의) • 포트폴리오 작성	모둠별 토론
5차시	• 모둠별로 만든 곡을 발표하기 위하여 개사한 가사로 가창 연습하기 • 간단한 동작을 넣어 무대 예술로서의 음악적 기능을 직접 체험해보기 • 포트폴리오 작성	모둠별 토론
6차시	• 모둠별로 무대에서 발표하기(수행평가) • 발표 후 각자 수업을 돌아보며 유익했던 점과 아쉬웠던 점 공유하기 • 자기평가 및 모둠평가, 총평하기	발표 및 평가

▲ 주제 탐색

▲ 포트폴리오 작성

▲ 조사 내용 발표

▲ 창작 발표

무엇보다 교사에게도 근무하고 있는 지역에 대한 애착과 관심이 생겼고, 학생들의 작품을 통해 알게 된 사실들을 바탕으로 2016년부터 현재까지 전문적 학습 공동체를 구성하여 '인천 음악연구 및 활용 방안'[1]에 대해 현재까지 연구하고 있다.

⚡ 너도 살고 나도 살고: 행사 따로, 수업 따로인 운영은 이제 그만!!

　　많은 학교에서 공연과 발표회 등의 행사를 맡은 교사들은 수업 이외 업무로 큰 부담감을 느껴 스트레스를 받는다. 행사는 행사대로, 수업은 수업대로, 그 외 업무들은 업무대로 진행하다 보니 항상 시간이 부족했다. 그러다 어느 정도 경력이 쌓인 후에 문득 '행사도 교육 활동이고, 수업도 교육 활동인데 왜 따로 진행해야하지? 정말 그동안 효율성 낮게 일을 처리했구나.'라는 생각이 들었다.

　　그래서 음악 교과와 관련 있는 행사(일본 와카바 고등학교와의 국제교류 행사, 6.25 참전 용사 초청 행사, 1,2학기 꿈·끼 주간, 봉사 동아리 활동)를 위해 따로 연습하며 준비하지 않고 수업 시간에 진행된 내용을 바탕으로 행사를 운영했다. 국제 교류와 봉사 활동인 경우, 국어 시간에 배운 봉산탈춤 내용을 음악 시간과 연계하여 봉산탈춤의 이해, 기본 동

---

1) 2016년도 한국교육과정평가원과 교육부가 주최한 학교예술교육지원사업 성과보고회에서 '예술교과연구회 우수 사례'로 채택되어 발표했다.

작을 익혀 표현하는 활동 수업으로 운영했다. 외국 학생들과 함께한 봉산탈춤 수업은 우리의 전통문화를 알리는 계기가 되었으며, 양로원 봉사 활동에서의 봉산탈춤 공연은 어르신들에게 흥겨움을 안겨 주었다. 6.25 참전 용사 초청 행사 공연 부분에서도 수업 시간에 배운 'Danny boy', '아리랑 메들리'를 합창했다. 수업과 행사를 연계하여 진행하니 업무의 효율성을 높일 수 있었고, 가장 큰 효과는 학생들에게 수업이 교실을 넘어 자신의 일상생활에 스며들 수 있다는 것을 느끼게 해 준 것이 아닐까 한다.

▲ 봉산탈춤 수업

▲ 양로원 봉사 활동

▲ 국제 교류 수업 자료

▲ 합창 수업 발표(꿈 · 끼 주간 공연)

ⓘ 교학상장(敎學相長)을 꿈꾸며...

사람은 혼자서 성장할 수 없다. 완벽하지 않기에 서로를 의지하고 배려하며 살아야 한다고 생각한다. 교사 또한 마찬가지이다. 아무리 결점을 보이지 않으려고 해도, 완벽한 수업을 지향한다고 해도 환경에 따라, 학생에 따라 변할 수 있는 요인들이 너무나 많다.

'어떤 교사가 될 것인가? 학생들에게 어떤 도움을 줄 수 있는 교사가 되고 싶은가?' 이런 끊임없는 질문에 대한 답을 구하기 위해 지금까지 다양한 주제를 탐색하고 수업에 반영하고, 또 그렇게 학생들과 끊임없이 공유하고자 했는지도 모른다. 아무리 힘들어도 학생들이 "선생님 수업 너무 재미있어요! 내년에도 꼭 맡아 주세요."라는 말을 들을 때면 녹초가 되어 쓰러질 것 같아도 한껏 힘을 낼 수 있었다. 확실한 것은 수업에 대한 여러 과정들을 통해 학생들만 배운 것이 아니라 가르치는 것에 대한 보람과 함께 내 자신도 많이 성장했다는 것이다.

처음에는 교사가 되기 위해 배우고 학습했던 내용들을 학생들에게 그대로 전하고자 했고, 나의 틀에서 학생들이 벗어나는 것을 몹시도 싫어했다. 그러나 어느새 학생들의 표현과 생각들을 존중하면서 그 속에서 아이들의 생각과 표현의 기술들을 배우게 되었다. 그리고 보면 수업의 힘은 어쩌면 내가 생각한 것보다 더욱더 큰 힘을 지니고 있는 것 같다. 함께 성장하고 배우는 교사와 학생. 그렇게 오늘도 함께 배우며 만들어가는 수업을 꿈꾼다.

▲ 예쁜 인천신현고 아이들과 함께 성장하기

10

📊 경제

김성준

부담스러운 경제,
배우고 싶은 경제

왜 하필 경제를 선택했니?

2015년 11월 무렵, 당시 1학년 학생들이 내년도 사회탐구 과목 선택을 앞둔 시점이었다. 평소보다 수업이 조금 일찍 끝나자, 한 학생이 물었다.

"선생님, 2학년 때 경제를 배우고 싶은데, 어떤 과목이에요?" 이에 나는 수능에서 사회탐구 선택과목 비율을 언급하며, "혹시라도 수능까지 생각하면 안 하는게 좋을거야. 경제는 마니아만 선택하니까. 내용도 어려워서 금방 포기하고 말거야. 인문계 여자고등학교에서 경제를 배운다는 얘기를 들어본 적이 없는 것 같은데, 마음대로 해."라고 답했다.

내부적으로 2016년은 3학년 사회 · 문화를 담당할 예정이었고, 행여 학생 선택권 보장 차원에서 개설 과목 수가 많아지면 부담이 커질 수 있기 때문에 약간 겁을 주었다. 사실 그동안의 학생 선택과목 운영은 암묵적인 틀이 존재하고, 그것을 넘어서는 부분은 교사 편의를 위해 인위적인 개입 또는 작업이 이어졌다.

그러나 우리 학교는 달랐다. 문자 그대로 학생 선택권을 보장했다. '설마 경제가 개설될까? 개설되더라도 내가 맡지는 않겠지?' 예상은 보기 좋게 빗나갔다. 그리고 큰 난관이 기다렸다. 바로 야간 수업이었다. 사회과의 각 과목이 학생 선택에 따라 모조리 개설되어 일과 중 수업 시간표가 나오지 않았다. 그래서 상대적으로 수강 인원이 적은 경제 수업이 7교시 이후로 밀렸고, 8~9교시 하루 2시간을 연강할 수밖에 없었다. 9교시는 석식을 마치고 18:40에 시작하여 19:30에 끝난다. 이제 일주일 1개 반 2시간 수업을 위해 준비를 해야만 했다.

수강 인원도 걸렸다. 인천광역시 고등학교 학업성적관리 시행지침과 우리 학교 학업성적관리 규정에 따르면 수강생 13명 이하인 경우, 평가는 실시하되 석차 및 내신 등급을 산출하지 않거나 표기하지 않을 수 있다. 그러나 17명이 선택했다. 상위권 학생이라면 내신 관리에 절대적으로 불리한 상황이다. 선택 학생 중 5명 정도가 2등급 중반 이내의 위치였다.

그래서 첫 시간에 아이들에게 강하게 물었다.

"왜 하필 경제를 선택했니? 야간 수업이고, 하루 2시간 수업에, 내신 좋은 사람은 불리한데 후회 안 할 자신 있어? 그래도 배울래? 대학처럼 아직 조정할 시간이 남아 있어. 나갈 사람은 제발 나가라."

결국 1명만이 나갔다. 아이들은 정말 경제를 원했던 것이다.

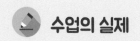 **수업의 실제**

2016년 담당했던 수업은 다음과 같다.

1학기	2학기
사회·문화(9) 논술(2) 세계문제(2) 경제(2)	사회·문화(9) 경제(2) 실용경제(2)

문제는 1학기였다. 2014년 3월 1일에 중학교에서 인천신현고등학교로 전입한 이후 4과목 모두 처음 맡는 과목이었다. 3학년 사회·문화를 제외한 나머지 과목의 교육과정 재구성은 선택이 아닌 생존의 문제였다. 특히 경제에 대한 부담이 컸다. 과연 아이들과 1년 동안 의미 있는 수업을 함께할 수 있을까?

■ 학생 눈높이에 맞는 수업 계획서 만들기

학교에서 3월은 바쁘다. 새로운 업무를 맡거나 연간 운영을 위한 기초(계획 수립)를 다지는 시기이기 때문이다. 특히 내가 맡은 교과에 대한 교수·학습 및 평가 계획 수립도 큰 몫을 차지한다. 그런데 힘들게 평가 계획을 만들어도 이를 적극 활용하는 경우는 드물다. 학교 홈페이지에 계획을 올리지만 대부분의 학생들은 찾아보지 않는다. 수행평가나 지필평가를 앞두고 교사의 공지를 기다릴 뿐이다.

그래서 1학기 동안의 수업 및 평가에 관한 내용을 한 눈에 볼 수 있도록 수업 계획서를 만들었다. 구성 항목은 수업 및 평가 일정(영역별·개인별 평가 시기는 첫 시간에 모두 정함), 모둠 구성, 수행평가 관련 안내

(비평문, 에세이 양식, 관련 도서 등), 수행평가 채점표(척도)이다. 작은 일이지만 계획을 위한 계획이 아니라 효율적인 수업 운영을 위해 제공하는 일종의 서비스였다. 이를 통해 학생들은 적절하게 시간을 관리하여 관련 활동 및 평가를 차질 없이 준비하고, 나는 체계적인 수업과 공정한 평가를 운영할 토대를 닦으며 허둥대지 않을 수 있었다. 아이들의 만족도가 의외로 높았다.

■ 성취기준에 근거한 과감한 생략과 선택

저녁 시간이 포함된 하루 2시간 연강 수업은 양면성이 존재한다. 장점은 자칫 지루하고 딱딱하게 느껴지는 경제 수업에 여유를 불어 넣어 다음 시간의 집중력을 상승시킨다. 단점은 학생 중심 수업을 진행할 때 맥이 끊겨 연속성이 떨어진다는 점이다. 고민 끝에 8교시는 성취기준에 근거하여 필수 학습 요소를 추출하고 이를 전달하는 데 집중했다. 9교시는 나의 개입을 최소화하고 아이들이 주도하는 수행평가를 중심으로 구성했다.

특히 8교시 수업은 이론의 학습과 이를 탐구 활동에 적용하며 경제학의 기본 개념과 주요 현상들을 익히도록 했다. 내용의 난이도를 고려하여 필요하면 강의식 수업의 비중을 높이기도 했다. 수업 준비 부담을 줄이기 위해 교과서의 탐구 활동을 적극 활용했는데, 자세히 살펴보면 활용 가치가 높은 활동들이 다수 존재한다.

다음 표는 실제 수업 준비 과정에 활용한 양식이다. 단원과 성취기준을 정리하고 그 옆에 빈칸을 두어 해당 수업을 어떻게 진행할지 구상하고 내용을 간단히 적는다. 또한 교과서에 적어 참고하기도 했다.

단원명	I. 경제생활과 경제 문제의 이해
성취기준	경1213. 분업과 특화를 통한 개인, 기업, 국가의 상호 이익 추구를 비교 우위와 관련지어 설명할 수 있다.
구분	수업 계획
8교시	• 기회비용 복습(5분) 분업, 특화, 교환의 연계성 설명(7분) • 37쪽 심화 활동 「비교 우위와 특화의 관계」(15분, 모둠별 토의) • 심화 활동 조별 발표(8분) 풀이 및 정리(10분)
9교시	개인 간 거래, 기업 간 협력, 국가 간 무역과 관련한 기사 비평문 발표 (수행평가, 2명)

9교시 수행평가는 수업 첫 시간에 학생끼리 조율하여 일정이 이미 정해진 상황이다. 비교우위는 5단원(세계 시장과 한국 경제)에도 나오며 성취기준 '경1251'과도 사실상 중복이다. 이처럼 성취기준을 면밀히 살펴보면 상호 연계 및 반복되는 요소의 존재로 수업 및 학습 부담을 줄이는 일이 어렵지 않다.

이전까지의 경험을 비추어보면 성취기준에 따른 학습 요소를 선별하고 수업에 적극 반영한 적이 없었다. 성취기준은 교과 평가 계획을 세우거나 정기고사 이원목적분류표를 작성할 때 포함시켜야 하는 귀찮은 요소 정도로만 여겼다. 관성적으로 교과서에 있는 내용을 될 수 있으면 다 가르치고, 수능 형태에 가까운 모의고사 문제를 해결하는 데 초점을 두었다. 그러나 이런 방식으로는 소위 말하는 진도 빼기가 불가능하며, 그렇게 해서도 안 된다. 일단 수업 시간에 모두 가르치겠다는 욕심을 버리고, 버릴 때는 성취기준이라는 저울에 잠시 올려놓고 판단하면 된다. 버릴 것은 과감히 버리는 용기가 필요하다. 그 결과 8교시 수업 진도에 대한 부담을 줄이고, 이어지는 9교시에는 학생이 수업을 주도하고 그에 대한 평가 및 결과를 공개하는 여건을 마련할 수 있었다.

■ 다양한 수행평가를 통한 학생 중심 수업

사실 8, 9교시 수업 중 고민을 더하고 신경을 쓴 부분은 9교시이다. 지금까지 나는 2015년에 맡았던 사회 과제연구 과목을 제외하고 강의식 수업에만 의존했었다. 두려웠다. 하루 연강 수업, 그것도 야간까지 내가 주도하는 수업은 나도 아이들도 재미없는 시간이 될 것이 자명했다. 그래서 수행평가에 집중했다. 반영 비율(40%)을 올리고, 3가지 영역(비평문, 에세이, 조별 과제)으로 구분했으며, 결과를 공유하는 시간(9교시)을 마련했다.

비평문 작성은 수업 계획과 최대한 관련이 있으면서 본인이 흥미롭게 생각하는 기사를 찾아 읽고, 생각을 정리해서 발표하는 영역이다. 비평이라는 행위가 고도의 지적 수준을 요구하기에 처음부터 큰 기대를 하지 않았다. 그래도 평소에 잘 검색하지 않았던 경제 기사도 찾아보고 글을 쓰는 경험 자체에 의미를 두었다.

실제 운영은 당일 발표할 학생이 자신의 비평문을 교사 및 친구들에게 나눠주고 기사를 선정한 이유와 내용 설명, 자신의 입장을 발표한다. 발표가 끝나면 기사 또는 비평에 대한 궁금증, 논리적 반박 등을 제기하고 답변하는 순이었다. 1명당 20분 정도 소요되었기에 하루 2명씩 실시했다. 마지막은 교사가 부족한 부분을 설명하고 주로 잘된 점을 위주로 평을 하며 마무리했다. 그리고 해당 학생을 불러 채점표를 보여주며 이유를 설명해 주었다. 이 영역은 개인 차이가 여실히 드러났다. 스스로 소화하기 어렵거나 지엽적인 내용을 다룬 기사를 선정하여 발표할 경우 수업이 무척 지루했다. 기사 선택 및 소화 여부는 9교시 수업의 성패를 좌우했다.

담임을 하면서 의문이 들었던 부분 중 하나는 아이들이 제출한 '독서일기'(우리학교 학교생활기록부 독서 기록 근거 자료)의 신빙성이었다. '얘가 정말 이 책을 읽었을까? 정기고사, 모의고사, 수행평가를 준비하면서 이 많은 책을 읽을 수 있었을까?'를 떠올리며 입력하면서도 의심을 했다. '독서일기'를 제출할 때 책에 대한 간단한 질문에도 대답을 못하는 아이들이 많았다. 그래서 학생들이 정말로 책을 읽은 후 생각을 정리하고, 그동안 미진했던 교과 관련 독서 활동 상황을 입력하기 위해 에세이 작성을 계획했다.

에세이 작성은 독서 교육과 관련된 영역이다. 에세이는 논리적 성격보다는 자유롭게 느낌과 감상을 적는 쪽으로 정했다. 큰 틀은 아이들이 정해진 기간 동안 경제 관련 도서를 읽고 에세이를 작성한 후 다른 친구들과 생각을 나누는 것이다. 도서는 미리 한 권을 선정하여 첫 시간에 공지했다. 기간은 비평문 수행평가가 끝나는 시점으로 1차고사(중간고사) 종료 후 2주 정도 지난 시점이었다. 시간이 부족하여 읽지 못했다는 핑계를 대지 못하도록 했다. 책을 미리 선정해서 공지한 이유는 생각을 나눌 때 함께 읽어 봐야 소통에 유리하고, 양질의 책을 접하도록 하기 위함이다. 모둠은 조별 과제와 상관없이 2개 모둠으로 재편성했다. 진행은 내가 했으며, 인상 깊었던 주제, 이해가 되지 않는 부분, 에세이 내용 등을 이야기하고 다른 아이들은 질문 또는 다른 생각을 덧붙이는 형식이었다. 또한 아이들이 시간에 쫓겨 책의 일부만을 읽는 에세이 작성을 막고자 평가 척도에 '이해도'를 포함시켜, 모둠 활동 시 내가 직접 책의 여러 영역에서 질문을 던져 확인했다. 물론 이 부분도 첫 시간에 아이들에게 강하게 주지시켰다. 1년 동안 "그들이 말하지 않는 23가지", "빈곤의 연대기" 2권의 책을 읽었다.

마지막으로 **생산 활동 보고서**는 모둠별로 아이템을 선정하여 재화나 서비스를 생산하고 경제적 이익을 취하는 과정을 보고서로 담는 영역이다. 특히 이윤이 발생할 경우 '장발장 은행'(벌금형을 선고 받고 낼 돈이 없어 교도소에 갇히는 사람들을 위한 은행)에 기부하기를 하나의 대안으로 제시하며 사회적 나눔을 실천할 수 있도록 유도했다. 이 영역은 한 학기 동안 진행하는 일종의 프로젝트이다. 아이들이 평상시 하기 어려운 생산 및 분배 활동을 체험하는 좋은 기회여서 기대감이 컸다. 그러나 선정한 아이템을 바탕으로 생산 활동을 하기 직전, 학생들의 금전 거래가 문제될 수 있다는 내부 지적을 받아 안타깝게 좌절되었다. 그래서 **경제 신문 만들기**로 변경했다. 신문의 주제는 모둠별로 관심이 있는 특정 분야에 대해 토의한 후 자유롭게 결정하도록 했고, 신문의 기본적인 양식과 포함시킬 요소로 뉴스, 사설, 인물 소개 또는 인터뷰, 만평, 통계 자료, 광고 등을 안내했다. 또한 '청소년 경제 신문' 등의 관련 사이트를 소개하여 참고할 수 있도록 했다. 아이들은 조장(모둠장)을 중심으로 전체적인 구성 방향을 기획하고, 작성할 요소를 분담하는 등 비교적 원활하게 협업했다. 비록 실행에 옮기지 못했으나, 부가가치 창출을 위한 아이템 선정 과정에서 수차례 함께 고민하며 지원을 요청했던 아이들의 그 열정어린 표정을 지금도 잊을 수 없다.

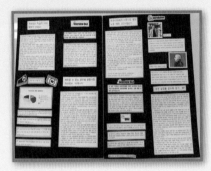
▲ 경제 신문(1)

▲ 경제 신문(2)

■ 교사 및 학생 부담을 줄이기 위한 지필평가

1학기는 정기고사 기간에 2회 지필평가를 했다. 우리 학교는 다양한 과목을 개설하기 이전에 어떻게 하면 규정을 벗어나지 않으면서 담당 교사의 부담을 줄이고 자율성을 보장할지 고민했다. 그 결과 종래의 선택형 중심의 평가뿐만이 아니라 대학처럼 1~2문제의 논술형 평가도 자유롭게 실시한다. 논술형 평가는 수행평가 또는 기존 선택형 중심 평가의 일부로만 생각하는 경향이 있는데, 수행평가 및 지필평가에 각각 포함시킬 수 있다. 평가 시기 역시 교사의 재량이다. 사전에 논술형 원안지와 이원목적분류표를 결재 받고 수업 시간에 실시해도 문제가 되지 않는다.

경제(2학년) 1학기 강의 계획서

1. 강의 일정

강의 차시	학사 일정	수행평가	비고
3.21		주00 신00	
3.28	비평문	김00 김00	
4.4		정00 황00	
4.11		김00 이00	
4.18	1차고사 전	지필평가 대비	
4.25		1차고사	
5.2		이00 박00	
5.9	비평문	홍00 김00	
5.16		하00	
5.23		윤00 김00 김00	
5.30	에세이 토론(1차)	주00, 김00, 정00, 김00, 이예은, 홍00, 하00, 윤00	
6.6		현충일	
6.13	에세이 토론(2차)	신00, 김00, 황00, 이00, 박00, 김00, 정00, 김00, 김00	
6.20	조별 과제 발표(1차)	엄마돈조, 우리는 꿈을 꾸는 소녀들	
6.27	조별 과제 발표(2차)	4룡이 나르사, 기모찌조	
7.4	2차고사 전	지필평가 대비	
7.11		2차고사	
7.18	방학 전	꿈·끼 주간	

2. 조 구성

엄마돈조		우리는 꿈을 꾸는 소녀들		4룡이 나르사		기모찌조	
20311	김00(조장)	20314	박00(조장)	20429	황00(조장)	20505	김00(조장)
20306	김00	20304	김00	20403	김00	20430	이00
20316	신00	20317	윤00	20407	김00	20524	정00
20329	하00	20319	이00			20527	주00
20330	홍00						

3. 수행평가

영역	내용	준비 방법
비평문 작성하기 (15점)	뉴스 또는 기사 분석 후 비평문 작성 및 발표하기	• 교과서에 관련된 현상, 개념 등이 포함된 기사 또는 뉴스를 선택 • 선택한 기사를 친구들에게 전달할 수 있도록 철저히 이해 및 분석하기 • 선생님이 제시한 일정한 양식에 따라 내용을 정리한 후 9교시에 20분간 발표하기 • 신문 기사 검색, 경제 주간지 검색, MBC 시선 집중, SBS 시사전망대 등 활용
에세이 작성하기 (10점)	그들이 말하지 않는 23가지(장하준)을 읽고 에세이 작성 후 토론하기	• 미리미리 읽으면서 의미있는 내용을 표시하며 읽기 • 정독 후 표시한 내용을 바탕으로 생각 정리하기 • 선배들의 에세이 읽어보기(추후 배부 예정) • 선생님이 제시한 일정한 양식에 에세이 작성하기 • 9교시, 교사 및 친구들과 내용에 관한 토론하기
조별 과제 (15점)	생산 활동 보고서 "부가가치 창출하기"	• 어떤 부가가치를 창출할 것인지 아이템 선정 • 아이템 선정, 준비, 실천 과정 등을 요약하여 보고서 작성 • 보고서 및 발표 형식은 자유. 단, 활동 사진을 꼭 첨부할 것 • 부가가치 창출로 인한 이윤을 어떻게 활용할 것인지 포함시켜야(선생님이 제시한 장발장 은행이 아니어도 됨)

 기사 제목 또는 주제

학번 :
이름 :

기사 또는 관련 내용 요약
본문 글자는 맑은 고딕 11포인트, 이미 선생님이 스타일(서식)을 걸어 놓았음. 각 칸의 크기는 마음대로 조절하여 사용하기

1. 출처

2. 선정 이유

3. 관련된 경제학의 개념 및 원리

4. 자신의 생각 요약하여 비평하기(15줄, 최소 분량 기준)

5. 에세이 작성 양식

 인천신현고등학교
INCHEON SHINHYEON HIGH SCHOOL

〈그들이 말하지 않는 23가지, 에세이 작성하기〉

주제 :

☎ 학번 :
👤 성명 :

♣ 에세이란? 개인의 상념을 자유롭게 표현하거나 한 두가지 주제를 공식적으로 혹은 비공식적으로 논하는 비허구적 산문 양식. 일기, 편지, 감상문, 기행문, 소평론 등을 포괄하는 산문 양식이다. 지적, 객관적, 논리적 성격이 강한 에세이와 감성적, 주관적, 개인적 특성이 두드러지는 에세이로 구분할 수 있다.

♣ 에세이 작성 전 생각할 것.
1. 당신이 쓸 에세이의 주제는 무엇인가요?
2. 이 에세이를 작성하는 이유는 무엇인가요?
3. 이 에세이에 넣을만한 사실들을 적어보세요.
4. 이 에세이를 읽는 사람들이 무엇을 느끼거나 배우길 바라나요?

최소 분량 기준은 25줄, 이미 서식은 설정하였음. 맑은고딕 11포인트

6. 채점표

가. 비평문

<경제(2학년) 비평문 수행평가 채점표>

일자:　　　　　　학번:　　　　　　성명:

평가영역	평가척도	점수	채점
분량	사전 공지한 분량 기준을 충족함.	5	
	제출은 했으나 분량 기준을 충족하지 못함.	2	
주제선정	교육과정의 내용과 적절히 연결할 수 있는 주제 및 기사를 선정함.	7	
	교육과정의 내용과 연결할 수 있는 주제 및 기사를 선정하였으나 미흡한 부분이 존재함.	6	
	교육과정의 내용과 연결하기 어려움.	5	
논리성	글의 전개 및 구성이 매우 논리적이고 우수함.	8	
	글의 전개 및 구성이 전반적으로 논리적임.	6	
	글의 전개 및 구성이 치밀하지 못함.	4	
발표 수행	정확한 기사 분석을 바탕으로 내용을 잘 전달함.	2	
	내용 전달은 대부분 하였으나, 일부 부족한 부분이 존재함.	0	
	의도하는 내용을 제대로 전달하지 못함.	-2	
계			

나. 에세이

<경제(2학년) 에세이 수행평가 채점표>

일자:　　　　　　학번:　　　　　　성명:

평가영역	평가척도	점수	채점
분량	사전 공지한 분량 기준을 충족함.	2	
	제출은 했으나 분량 기준을 충족하지 못함.	0	
주제선정	교육과정의 내용과 적절히 연결할 수 있음.	3	
	교육과정의 내용과 연결할 수 있으나 미흡한 부분이 존재함.	2	
	교육과정의 내용과 연결하기 어려움.	1	
논리성	글의 전개 및 구성이 매우 논리적이고 우수함.	3	
	글의 전개 및 구성이 전반적으로 논리적임.	2	
	글의 전개 및 구성이 치밀하지 못함.	1	
이해도	교사의 질문에 적절히 대응함.	2	
	교사의 질문에 대한 답변이 일부 부족함.	1	
	교사의 질문을 파악하지 못하고 대답하지 못함.	0	
계			

다. 조별 과제

<경제(2학년) 조별 과제 수행평가 채점표>

일자:　　　　　　학번:　　　　　　성명:

평가영역		평가척도	점수
조별 평가	결과물	과제 수행의 결과를 보고서 또는 파워포인트 등을 활용하여 체계적으로 정리함.	5
		과제 수행의 결과를 보고서 또는 파워포인트 등을 활용하여 체계적으로 정리하려고 노력한 흔적은 있으나 미흡한 부분이 존재함.	3
		결과물을 통해 어떤 과제를 수행했는지 파악하기 어려움.	1
	참신성	과제 수행의 내용이 참신하여 흥미를 유발함.	5
		과제 수행은 성실히 하였으나 참신성이 다소 떨어지거나 흥미를 유발하지 못함.	3
		틀에 박힌 내용과 결론으로 흥미를 유발하지 못함.	1
개인 평가	이해도	교사의 질문에 적절히 대응함.	5
		교사의 질문에 대한 답변이 일부 부족함.	3
		교사의 질문을 파악하지 못하고 대답하지 못함.	1
계			

- 6 -

나는 2015년에 사회 과제연구를 지도했던 경험을 바탕으로 경제 지필평가도 논술형 문제 위주로 구성하려고 했다. 수업 운영 취지에 부합하고 평가 관련 부담을 줄이는 방안이기 때문이다. 그러나 수강생 16명으로 인해 석차 및 내신등급이 표기된다는 점, 등급에 민감한 상위권 5명이 존재한다는 점이 계속 신경 쓰였다. 비록 경제를 배우고 싶어 내신 관리가 어렵다는 것을 알면서도 선택한 아이들이지만, 그 결과를 깨끗하게 수용할 수 있는 선택형 중심의 평가를 포기하지 못했다. 선택형 20문제와 서술형 4문제를 출제하고, 고사 전 주요 내용에 대한 반복 학습과 문제 풀이를 병행했다.

1학기가 끝날 무렵 아이들과 수업에 대해 이런저런 생각을 나누는 시간을 마련했다. 학교 전체적으로 학생 중심의 수업이 활성화된 상황에서 평가에 대한 부담을 토로했다.

"과목마다 모둠별 수행평가가 많아서 힘들어요. 열심히 노력해도 조원 구성이 나쁘면 덩달아 점수가 깎이니 너무 속상해요."

"선생님들이 우리를 조금만 생각해주셨으면 좋겠어요. 수행평가 시기가 겹쳐 잠을 못자고 수행평가를 하는 상황이 이어지고 있어요. 다른 공부도 해야 하는데, 수행평가 때문에 도저히 여유가 나지 않아요."

"UCC 좀 그만 만들었으면 좋겠어요. 들이는 시간에 비해 느끼는 게 별로 없어요."

"수행평가 끝나면, 바로 2차고사 준비 기간이에요. 정말 힘이 들어요."

학생들의 말을 듣고 비단 나의 수업뿐만이 아니라 학교 차원의 전체적인 조율이 필요하다는 생각이 들었다.

아무튼 가만히 있을 수 없었다. 늘어나는 학생 부담과 3학년 담임이었던 나의 상황을 고려해 움직여야 했다. 교과 협의회 및 성적관리위원회 심의를 거쳐 2학기는 지필평가를 2차고사 기간에 1회만 실시했다. 결과는 대만족이었다. 학생은 물론이고 나도 살 수 있었다. 1차고사 문항 출제 기간이 대입 수시 원서 접수 일정과 겹쳤기 때문이다. 만약 1학기와 동일하게 1차고사도 실시했으면 어땠을까? 생각만 해도 끔찍하다.

■ 학기말 부담이 없는 맞춤형 학교생활기록부 입력

위와 같이 수업을 진행하면 학기말 세부능력 및 특기사항을 입력할 때 부담도 덜면서 의미 있는 내용이 쌓인다. 학기말 성적 산출이 완료되면 1~3등급의 학생들에게 공통 문구를 반복해서 입력하는 융통성을 발휘하지 않아도 된다. 아이들이 수업 시간에 발표하고 소통한 과정을 간단히 정리만 해도 충분하다. 부족한 부분은 학기별 마지막 수업 시간에 관련 내용을 작성시켜 보충했다. 자신의 진로와 흥미를 고려한 과목 선택과 이에 대한 구체적인 기록은 대입에서의 경쟁력을 가질 수 있으며, 특히 자기소개서 작성 시 한 부분을 채우는 재료가 된다. 3학년 담임을 맡았던 교사는 알 것이다. 아이들이 이런저런 활동을 많이 했어도 막상 의미 있게 쓸 재료가 부족하다는 사실을 말이다. 다음은 한 학생의 1학기 세부능력 및 특기사항과 독서 활동 사항을 실제로 입력한 내용이다. 이 정도면 충분하지 않을까?

세부능력 및 특기사항	• 한 의류 회사의 주식 폭등을 이슈로 한 투자 정보의 비대칭성을 고발하는 기사를 선정하여 비평문을 작성하는 과정에서 우리 증권거래소의 때늦은 대처에 크게 분노를 느끼며 비판함 • 이후 주식 거래와 관련된 사건을 다룬 기사에 대해 좀 더 관심을 갖게 되었으며, 이전과 달리 이해하는 부분이 늘어남 • 팀별 경제 신문을 만드는 과정에서 조장으로서 주제 선정과 내용 배치 등 기획에서 작성까지 주도적으로 이끌었으며, 당시 이목을 끌었던 브렉시트 문제를 포함한 마케팅, 주가 분석 등 현 수준에서 소화하기 어려운 부분까지 다루며 최선을 다함 • 소비자 잉여, 생산자 잉여 등 후생 경제학 부분과 관련된 내용에 상당한 관심을 보였으며, 대입 모의평가 문제까지 풀어가며 부족한 부분을 채우기 위해 노력함 • 경제 부장으로서 수행평가 준비 및 발표, 수업 시간에 집중력이 돋보였고 질문을 던지는 등 적극적인 자세를 보임
독서 활동 사항	(생략) "그들이 말하지 않는 23가지(장하준)"를 읽고 '부자 나라들의 부자들'이라는 에세이를 작성 후 현재의 불평등한 분배 구조를 계속 유지하기 위한 선진국의 움직임을 면밀히 포착하여 친구들과 토론함

위와 같은 평가를 받은 학생은 서울 소재 상위권 대학의 경영학과에 학생부종합전형으로 최종 합격했다. 이 아이는 3학년 때 사회·문화를 선택하여 나와 함께 했다.

다음은 이 아이가 1차 서류 전형을 통과하고 모의 면접을 할 때 내가 했던 질문 중 하나이다.

"지원자는 2학년 경제 수업 시간에 "빈곤의 연대기", "그들이 말하지 않는 23가지"를 읽고 세계적인 부의 불평등에 관심을 갖고 그와 관련된 일을 하고 싶다고 했습니다. 그런데 진로희망에 기록된 WTO는 자유무역을 추구하는 기구입니다. 자유무역과 빈곤국의 부의 불평등 개선 문제는 서로 상충되지 않습니까?

아이는 이 질문에 WTO 산하 빈곤국의 부의 증진을 위한 기구에서 일하고 싶다며 답변했다.

그리고 여느 때처럼 수업을 마치고 복도를 지나가던 중,

"선생님! 저 최종 합격했어요. 선생님이 질문하신 WTO와 상충되는 그 내용 그대로 면접관님이 물었어요. 당황하지 않고 침착하게 대답했어요. 정말 감사드립니다."

라고 말했다.

물론 소위 말하는 좋은 대학에 합격한 것이 중요한 일은 아니다. WTO에서 근무하겠다는 진로 선택을 바탕으로 본인이 원하는 곳에서 배움의 기회를 얻었다는 것, 그리고 그 과정 속에 경제 과목을 선택한 일이 일조했음을 주목해야 한다. 내가 야간 수업이라, 1개반 수업이라 기피했던 그 경제 수업이 한 아이의 진로와 그리고 결정적 장면에서 그를 빛나게 하는 한 방으로 작용했던 것이다.

❗ 수업 운영의 한계

첫째, 야간 수업과 연속 수업은 힘들다. 이 점을 극복하기 위해 많은 노력을 기울였지만, 완벽히 해결하지 못했다. 가급적 일과 시간에 수업을 소화해야 한다. 일과 이후의 수업은 아이들의 집중력을 저하시키고 피로도를 상승시킨다. 그리고 경제를 선택한 아이들은 다른 과목을 선

택한 친구들이 일과 중에 수업 받을 때 실천실(우리 학교 전용 자기주도적 학습실)에서 공부한다. 학년부장 선생님이 출석을 확인하고 관리를 했지만, 공강 시간의 안전 문제가 제기될 수 있다. 교사도 정신적·신체적 피로감에서 자유로울 수 없다. 학사 일정이나 휴무일로 수업을 안 할 경우 다음 수업까지 긴 공백도 생긴다. 마지막으로 야간 수업으로 교무실에 홀로 남겨질 때 드는 왠지 모를 처량한 기분은 덤이다.

둘째, 평가에 있어 세밀함이 부족했다. 에세이 작성에서 선정한 도서의 수준과 양이 아이들의 그릇을 초과했다. "그들이 말하지 않는 23가지"는 내용이 어려워서, "빈곤의 연대기"는 양이 많아서 힘들었다고 한다. 학생 수준에 맞는 좋은 책을 고르기 위한 노력이 좀 더 필요했다.

지필평가에서는 1학기부터 지필평가를 1회만 실시하고 학기별 성적 반영 비율을 수행평가 60%-지필평가 40%로 조정해야 했다. 평가 부담을 줄이고 수업도 학생 중심으로 구성했다면 평가 반영 비율도 그에 걸맞게 조정해야 하는데 그렇게 하지 못했다.

셋째, 아이들의 다양한 수준과 성향을 치밀하게 고려하지 않았다.

9교시에 아이들의 발표가 끝나면 긴장감을 불어 넣고 생각의 전환을 위해 다소 날선 비판과 어려운 질문을 던지기도 했다. 이때 논리적으로 적절히 반박하는 아이도 있었지만, 심리적으로 크게 흔들려 우는 아이도 있었다. 이럴 경우 이후 발표자가 부담을 느껴 실수하거나 분위기 자체가 가라앉아 진행이 어려웠다. 또한 아이들의 준비 부족과 집중력 저하로 토의가 활발히 전개되지 않아 호통을 크게 친 적도 있는데, 득보다는 실이 많았다. 좀 더 인내심을 갖고 아이들을 대했으면 하는 후회가 들었다.

⚠️ 소수 선택과목 개설의 가치

처음에는 경제 과목 개설을 아이들의 생각과 선택보다 교사(나) 위주의 관점에서 귀찮고 피곤한 일로만 여겼다. 그러나 경제를 공부하고자 하는 아이들의 뜻과 마음을 느끼며, 한 번 해보겠다는 노력으로 1년 동안의 수업을 무사히 마칠 수 있었다. 그 과정에서 수업 중 절반의 시간을 학생 중심 활동으로 구성하고, 평가다운 평가를 했다. 이를 통해 아이들이 어떠한 생각을 갖고 있는지 소통할 수 있었다. 야간 수업이었지만 아이들도 특별한 경우를 제외하고 수업에 빠지지 않고 주어진 과제와 활동에 성실히 임했다.

이러한 과정은 어떤 아이의 진로 및 대학 전공 선택에 영향을 주었으며, 다른 아이에게는 사회 현상을 바라보는 관점과 지식을 넓히는데 기여했을 것이다. 또 누군가에게 '이 과목을 왜 선택했을까'라는 후회만을 느끼게 했을지도 모른다. 비록 경제 과목을 선택한 모든 학생을 만족시킬 수 없는 수업 운영이었지만, 단 1명의 학생이라도 이 수업이 단초가 되어 미래를 설계하고 관련 분야에 관심을 갖게 되었다면, 나의 노력은 의미 있다고 생각한다. 아니 그것으로 행복하다. 만약 나의 노력이 단 1명에게도 의미 있는 영향을 주지 못했다 하더라도, '이렇게 하면 안되겠구나.'를 느끼는 것 자체가 좋은 교사로서의 성장이고 배움의 길이 아닐까?

11

 공학기술

김맹상

학생과 함께 만드는
공학기술 수업

ⓘ 진로 결정을 위한 학생 참여형 교육과정 구성의 필요성

해마다 진학 지도를 하며 아쉬웠던 점은 학생들이 진로에 대한 고민 없이 대학에 진학하고, 적성에 맞지 않아 재수를 선택하는 경우가 빈번하다는 것이다. 특히 여학생들은 대학에 잘 갈 수 있다는 막연한 기대를 갖고 자연·이공과정을 선택해서 대학에 진학하는 경우가 많았다. 이것은 그동안의 일반고 교육과정이 진로보다 진학에 초점이 맞춰진데다 교사 중심으로 획일적 지도가 이루어졌기 때문이라고 생각한다. 이와 같은 상황을 보며 특히 여학생들에게 이공과정 진로진학 설정에 정보를 제공하는 교과목이 필요하다는 생각을 했다.

수학교육 선도학교(2015~2016)의 일환으로 우리 학교에서 실시된 '수학을 바탕으로 한 이공과정 진로와 관련된 전문가 특강 프로그램'을 운영하면서 앞서 말한 내용을 교과목(공학기술)으로 편성한다면 평소 느꼈던 문제점을 해결할 수 있을 것이라 생각했다. 또한 교과목 운영을 학생들이 주도적으로 참여하여 계획-활동-평가하고, 이를 학교생활기록부에 기록하면 학생부종합전형을 준비하는 학생들에게 도움이 될 것이라는 생각을 했다.

마침 우리 학교에서는 1학년에서 2학년으로 진급하는 학생들을 대상으로 '다양한 진로 탐색을 위한 학생 중심의 교육과정 편성'을 준비하는 중이었기 때문에 자연·이공과정을 선택한 학생들에게 '공학기술', '환경과 녹색성장', '정보', '가정 과학', '생활과 창의성' 등을 개설하여 과목 선택의 폭을 넓힐 수 있었다. 학생들에게 적절한 진로진학 정보 제공과 함께 효율적인 학교 교육과정 운영을 위해서는 교과 외 특색 활동 등의 프로그램보다는 정규 교육과정으로 안에서 이뤄지는 교육 활동이 더 바람직하다. 따라서 그에 맞는 교육과정 재구성이 필요했고, 새로운 교과 운영 형태를 적용하기 위한 수업 모델을 구현하는 데 집중했다.

❗ 학생 참여형 수업을 위한 수업 구성

수업 설계 과정에서 학생들이 구성원, 주제, 수업 형태를 계획하고 프로젝트 수업 활동을 하며, 수업의 결과물을 창의적 체험 활동과 연계한다면 학생들의 부담도 줄고 평가를 받기 위한 활동에서 벗어날 수 있다는 생각을 했다. 게다가 수업에 교과 담당 외에 외부 전문가를 활용한다면 학생들도 그동안 '스펙 쌓기용' 대외 활동을 찾아다니는 수고로움을 덜 수 있으리라 생각되었다. 평가의 객관성 확보를 위해서 '학생 중심 수업 활동 과정평가'를 수업 운영 계획에 반영해서 학생들이 신뢰할 수 있는 과정평가를 도모하고자 시도해 보았다.

학생 참여형 수업의 실제

■ **학생 참여형 수업의 시간편성(3단위 - 51시간): 재구성 개요**

강의식 수업	학생 활동 수업	행사 활동	평가	창체 연계	계
12시간	30시간	4시간	2시간	3시간	51시간
강의식, 자료 활용	프로젝트, 활동 보고서 작성	특강 4회	자기평가, 동료평가	꿈 · 끼 주간 운영	·

■ **학생 참여형 수업 활동**

<학생 참여형 프로젝트 구성>

프로젝트 수업을 위한 조를 구성하기에 앞서 강의식 수업을 통해 학생들이 충분히 진로 탐색을 할 수 있도록 안내하여 본인의 진로에 대해 구체적으로 고민하는 계기를 만들 수 있었다. 또한 진로희망에 따른 조 구성으로 프로젝트 활동에 적극적으로 참여할 수 있는 계기가 되었다.

조원	활동 보고서 분야	조원	활동 보고서 분야
고○○ 외 2명	생명공학 - 의학 (나노의학&탄소나노튜브)	윤○○ 외 2명	CHEMISTRY OF COSMETICS
박○○ 외 2명	환경공학	백○○ 외 3명	기계공학의 세계
박○○ 외 2명	전기 · 전자공학 - 플렉서블 디스플레이	손○○ 외 1명	생명공학
김○○ 외 2명	건축 · 토목 공학 - 재료형식별로 구분한 건축	양○○ 외 2명	나노기술

▲ 진로 및 대학 학과 안내(커리어넷 활용)

▲ 진로 탐색 후 조 구성

▲ 프로젝트 조별 과제 수행

▲ 프로젝트 주제 탐구 발표

11_ 학생과 함께 만드는 공학기술 수업   187

<외부 전문가 특강 운영>

'수업은 교과 담당 선생님의 몫'이라는 고정 관념에서 벗어나 외부 전문가 특강을 들으면서 공학적 소양과 관련 진로에 대한 정보 습득이 이루어지도록 했다. 교육과정 안에서 이러한 활동이 이루어져야 했기 때문에 교과 운영 계획을 세울 때, 충분한 재구성이 필요했다.

● 외부 전문가 특강 프로그램

단원명	성명	소속	강의 주제	시기
화학 공학의 세계	정○○	인하대 교수	세상을 바꾸는 화학공학	3. 30. 수
전기전자 공학의 세계	가○○	인하대 연구원	IT와 인공지능	5. 11. 수
생명공학의 세계	권○○	인하대 교수	생명공학과 전공 소개	6. 8. 수
표준화와 지식 재산권	류○○	공업연구사	우리 생활 속 표준	6. 29. 수

외부 전문가의 특강을 들으며 학생들은 스스로 계획한 대로 프로젝트 활동보고서를 작성했고 수업 활동 평가 및 피드백을 함으로써 수업 참여도도 높일 수 있었다. 이러한 과정에서 학생들은 스스로 진로 설계를 구체화할 수 있는 기회를 가질 수 있었다.

<창의적 체험 활동 연계 교육 활동>

매해 실시되는 꿈·끼 주간을 학생 참여형 수업 결과물 발표와 연계함으로써 학생들의 비교과 과목 활동에 대한 부담감은 줄이고 교과 항목과 비교과 항목이 분리되는 기존 운영 방식의 문제점도 해결할 수 있었다. 즉 정규 수업 활동을 꿈·끼 주간의 창체 활동과 연계하여 운영하면서 자연스러운 평가를 통해 학생 개개인이 성장하는 모습을 그

대로 담을 수 있는 교과 – 창체 활동을 아우르는 학습 활동이 이루어
졌다.

※ 꿈 · 끼 주간 운영 사례

▲ 수학 진로 탐색전

▲ 프로젝트 수업 산출물 발표대회

■ 평가 및 기록

<공학기술 과정 중심 평가 방법>

평가기준 (역량)	자기 관리	공동체/ 소통 역량	창의적 표현 능력	문제 해결력
평가 방식	관찰	프로젝트 활동 및 발표	발표	프로젝트 활동
횟수	수시	수시/2회	2회	수시
방법	수업 참여도 모둠 참여도	프로젝트 보고서 작성, 프로젝트 발표	ppt 및 산출물 활용 발표	프로젝트 보고서 작성, 프로젝트 발표

<교육 활동의 개별화 기록>

학생들은 자기평가를 통해 자신의 수업 활동에 대한 반성의 기회를 갖고, 평가 과정에서 팀원과의 협력과 역할 및 책임의 중요성을 알게 되는 계기가 되었다. 수업 활동 평가와 더불어 수업 활동에 대한 소감문 작성을 통해 학교생활기록부 개별화 기록에 대한 근거를 마련할 수 있었다.

1. 자기평가

평가 유형	평가 항목	세부항목	평가척도 (점수)		
			1	2	3
탐구 과정	탐구 활동	- 자신에게 분담된 역할을 책임감을 가지고 수행하였는가? - 모둠의 주제(단원)에 대해 잘 알고 있는가?			√
	의사 소통	- 자신들의 학습 내용을 충분히 이해한 후 내용을 정리하여 다른 모둠원에게 전달하였는가?			√
	참여도	- 모둠원 모두가 활발하게 참여하여 프로젝트 학습의 목표에 도달하였는가?			√
	태도	- 자신은 매 프로젝트 활동에 적극적으로 참여하였는가? - 서로의 의견을 잘 듣고 각 의견의 장단점을 잘 수렴하여 활동을 하였는가?			√
보고서	타당성	- 전공과 긴밀한 관련성이 타당한가? - 수집된 자료의 양은 적절하고 전공과 밀접한 관련이 있는가?			√
	창의성	- 표, 사진, 그래프 등의 자료를 이용하여 이해를 돕고 있는가? - 독창적이고 아이디어가 참신한가?			√
발표	참여성	- 발표에 모둠 구성원 모두가 적극적으로 참여하였는가?			√
	창의성	- 발표가 창의적으로 잘 계획되어 실행되었는가? - 다양한 소품과 기기들을 적절하게 활용하여 주제 이해를 도왔는가?			√
총점				24	

소감	- 프로젝트 학습을 통해 새롭게 깨달았던 점을 자유롭게 기록합니다. 기계공학도 여러가지 분야로 나뉜다는 것을 알게 되었고 그 중에서도 설계와 공작이라는 분야에 관심을 갖고 전공을 더욱 구체적으로 설계할 수 있게 되었다. 특히 나무젓가락을 사용하여 트러스 구조를 만들 때 설계부터 공작까지 직접 구상하며 만들었기 때문에 더욱 자발적으로 활동 할 수 있었고 그 효과를 직접적으로 체험할 수 있었다. - 탐구기간동안 다른 모둠원에게서 느낀 본받을 점을 하나 이상 기록합니다. 자료조사 부터 구조물 직접 만들 때 까지 자신의 역할을 책임로 다해 수행하고 보고서를 작성할 때에도 서로의 의견을 존중하며 타협할 수 있도록 하였다. - 잘했던 점, 아쉬웠던 점, 추가로 알고 싶은 점들을 구체적으로 기록합니다. 조원들과 협동이 잘 되어서 다툼없이 원활하게 프로젝트가 진행되었다. 하지만 나무젓가락 트러스를 만들 때 초반에 본드가 잘 붙지않아 만들어진 결과물이 평평하지 않았던 점이 아쉬웠다. 다음번에는 더욱 튼튼한 재료로 균형이 맞는 트러스 구조물 만들어 보고 싶고 설계에 대해 자세히 배워보고 싶다.

▲ 공학기술 자기평가 체크리스트 및 소감문

수학진로 탐색을 위한
공학기술학과 탐방프로그램 소감문

제 목	IT란, 인공지능		강사 이름	
일 시	16. 05. 11	학번	학생 이름	

두번째 프로그램에서는 IT 와 인공지능에 대한 강의를 들었다. 나도 컴퓨터 공학 마을 한 번 생각해 봤던 적이 있어서 호기심을 갖고 듣게 되었다. 미래 유망산업은 IT를 포함해서 바이오 BT. 나노 NT. 환경 ET 우주 ST 문화 CT 이렇게 6T가 있다고 했다. IT를 제일 하긴 다 처음들어 본 것이라 어떤 것에 활용되고 있는지 알고 싶었지만 아닌 게 그렇지 못 했다. 작년 IT 핫트렌드는 사물 인터넷으로, 인터넷을 통해 사무롭게 조작이 가능한 것이며 광고에도 나오곤 했던 보일러, 그리고 스마트 밴드가 있다. 스마트 밴드는 강사님도 지금 사용하고 계시다고 했는데 정말 유익하게 쓴다고 했다. 올해 핫트렌드는 뭐니뭐니 해도 알파고와 AR, VR이다. 알파고는 1초에 10만 개의 경우의 수를 계산하여 바둑을 두는데 이세돌 9단은 100개의 경우의 수를 계산할 수 있다고 한다. 몇 배나 차이 났지만도 인공지능은 정말 상상 초월하고 정도로 대단하게 발전 되어 있었다. AR과 VR은 증강현실, 가상현실이다. Argumented Reality의 약자인 AR은 옛날 터미네이터나 드래곤 볼 이라는 영화 속에서 찾아볼 수 있다. 최근에는 구글 글래드가 만들어졌지만 광고에 나온 것처럼은 아니라 단지 몇 개의 기능만 수행할 수 있다고 했다. 예를 들면 하늘을 쳐다보면 날씨를 알려주고, 길을 가다 어떤 음악의 포스터를 밝을때 스케쥴로 등록할 수 있는 것이다. 이에 아이크로소프트는 홀로렌즈 라는 것을 만들었는데 이것은 서로 다른 두 공간에 있는 사람들끼리 직접 보며 영상 정의를 할 수 있다. 아직은 미국에서만 판매를 진행한다고 하는데 어서 우리나라에서도 살 수 있게 되었으면 좋겠다. 강의를 들으면서 느낀 건 신기함도 또 신기함의 연속이 었다. 어째서 안경을 쓰면 내 눈 앞에 3D로 게임이 펼쳐지는 것인가. 나도 이런 걸 체험해 보고 만들어보고 싶다는 생각이 아주 많이 들게 되었다.

❗ 운영 후기 및 제언

| 학생의 소감과 앞으로의 과제

학생들 스스로 관심 분야에 대한 주제를 정하고 탐구하며, 탐구 분야를 발표하는 활동을 통해 적극적으로 참여하는 수업 분위기가 조성되었다. 더불어 다른 조의 탐구 활동에 관심을 갖고 동료평가를 실시함으로써 프로젝트 활동 평가에 대한 객관성을 확보하기 위해 노력했다. 이러한 과정을 통해 학생 참여형 수업이 활성화될 수 있었다.

기존의 교과목 항목과 비교과목 항목이 분리되는 운영 방식을 탈피하여 정규 수업 활동이 꿈·끼 주간 활동으로 연계될 수 있도록 구성했다. 이를 통해 학생들은 수업 과정 중에 만들어진 결과물로 창의적 체험 활동을 하면서 비교과목 활동에 대한 부담도 줄이고, 자신들이 적극적으로 참여한 수업의 결과물을 보며 수업의 주체가 되었다는 생각에 뿌듯해 했다.

정규 교육과정 안에서 다양한 교육 활동이 이루어질 수 있도록 교과목 구성이 가능하고, 교육 활동을 운영하면서 교사들이 느끼는 업무의 부담도 덜 수 있다는 사실을 확인할 수 있었다. 즉 수업 운영과 학생들의 수업 활동에 대한 평가 그리고 학교생활기록부 기록이 일체화했을 때, 이공과정 학생들의 진로와 진학에 도움이 되는 교과 운영을 할 수 있다는 사실을 확인했다.

| 제언: 학생 참여형 수업을 구성하기 위한 학교의 노력

미래 사회 핵심역량 함양과 학생의 꿈과 끼를 키우는 교실 수업을 위해서는 교사들의 교과 운영에 대한 선입견을 과감히 버리는 것이 중요하다는 것을 깨달았다. 다양한 교과 운영 모델에 대한 고민을 통해 학생들의 진로에 도움이 되는 교육과정 재구성에 대한 노력이 필요하다는 것을 느꼈다.

학생 중심 교육과정 운영을 위해서는, 우선 학생 참여형 수업의 활성화가 필요하고 이를 위해서는 수시로 교과 협의회가 활성화될 수 있는 학교의 환경 조성이 중요하다. 또한 교과 수업 지도에 있어서도 담당교과 교사만으로 이루어진 수업이 아닌 외부 전문가를 활용한 수업을 통해 교과 수업의 다양성과 전문성을 확보할 필요성이 있다.

그리고 학생들이 참여하는 교육과정이 개별적으로 운영되고, 이를 바탕으로 평가가 이루어지며, 평가 내용이 학교생활기록부 기록과 일치될 때 교육과정 운영에 대한 효과가 극대화될 수 있을 것이다.

12

中國語 중국어 Ⅰ · Ⅱ

서문정

중국 문화로 배려와 존중을 배운다
- 중국 문화 프로젝트

😮 좋은 수업을 꿈꾸다

"한자는 쓰기 힘들어요." "발음이 이상해요." "성조가 어려워요."

아이들의 아우성이 들려온다. 매해 수업은 설렘과 기대로 시작되지만 늘 꿈꾸는 배움과 성장이 오가는 보람 있는 교사 생활과는 거리가 먼 수업의 모습에 교사로서의 자존감이 해마다 낮아진다. 아이들이 선택한 과목인 만큼 중국어를 더 좋아하고 흥미를 잃어버리지 않도록 만들어가자고 다짐하면서도 입시의 절정인 고등학교 2학년, 3학년 교육과정에 배치되어 있음을 한탄하거나 학습에 열의 자체가 없는 아이들을 원망하며 한 시간의 수업을 버티고 나오는 것이 지금까지의 모습이었다. 능동적인 고민과 실천 없이 수업을 잘하고 싶다는 막연한 생각만으로 학생들이 눈을 반짝반짝 빛내며 열심히 수업에 참여하고, 웃음소리가 교실 밖으로 울려 퍼지는 정경을 꿈꿔왔다. 그러나 거대한 제도 자체를 변화시키고 아이들을 근본적으로 변화시킬 수 없다면 스스로 의지를 가지고 도전해 볼 수 있는 것이 바로 수업을 변화시키는 것임을 조금 알겠다. 그 변화의 과정에서 더 많이 고민하고 실천하는 것이 오래도록 교단에서 호흡할 수 있는 길이 되리라 믿는다.

❗ 좋은 수업, 수업의 변화로부터

수업을 변화시키는 첫 단계, 교육과정을 어떻게 재구성하여 가르칠 것인가에 대한 고민으로 시작한다. 교육과정 편제 속의 중국어 과목은 주로 고등학교 2학년 학생들이 선택하는 제2외국어 과목 중의 하나이다. 2009 개정 교육과정을 통해 성취기준과 성취수준이라는 개념이 들어오면서 교육과정의 재구성이 아주 중요해졌다. 이제 시작하는 2015 개정 교육과정에서 더욱 중요해지는 부분이다. 중국어는 말하기, 쓰기, 읽기, 듣기, 문화, 5가지 영역에서 성취기준이 만들어졌다. 해당하는 성취기준을 각 단원에 맞게 분류하고 이수단위를 고려하여 학습 분량 및 학습 방향, 순서를 정하는 것이 교육과정 재구성의 핵심이다. 교육과정 재구성이 교육 현장의 중심 화두로 들어오면서 다양하고 혁신적인 수업 방법을 소개하고 있으며, 미래 사회에 필요한 역량을 강화하기 위한 학습자 중심의 수업 방법들이 주목 받고 있다. 이에 발맞추어 수업의 중심을 교사가 아닌 학습자로 옮겨보는 수업 방법을 고민하고 실천하고자 했다.

❗ 수업 변화의 출발점, 문화에서부터

　수업을 계획할 때 중요하게 고려해야 하는 부분은 물론 기본적인 학습 요소를 가르치는 것이겠지만, 이 수업을 통해 어떤 역량과 인성을 가진 사람으로 성장시킬 것인가에 대한 고민이 필요하다. 교육의 가치는 너무나 다양하지만 현재의 학교 현장에서 더욱 필요한 인성적 가치는 타인에 대한 배려와 존중이라고 생각한다. 해마다 첫 수업 시간에는 아이들에게 '학교에서든, 사회에 나가서든, 아주 조금만 상대방의 입장에서 바라볼 수 있다면 세상은 지금보다 더 따뜻하지 않을까'라는 이야기를 꼭 한다. 수업에서도 이런 마음가짐으로 서로가 함께 즐겁고 보람 있는 수업으로 만들어 가보고 싶다고 전하면 아이들은 고개를 끄덕여 주기도 한다.

　이런 가치를 실제 수업에서 스스로 함양할 수 있도록 만들어봐야겠다는 생각에서 시도해 본 것이 문화 프로젝트 수업이다. 점차 다문화 사회가 되어가고 있는 우리나라에서 이질적인 문화를 상대주의의 입장에서 받아들이며 이해하는 것이 정말 중요하기 때문이다. 더불어 우리 문화의 정체성을 잊지 않는 것이 글로벌 시대의 중심에 있는 우리 아이들에게 필요한 덕목이므로 문화와 관련된 수업은 필수적이다. 외국어 학습은 언어와 문화가 함께 이루어져야 하고 성취기준에도 문화 영역이 있으므로 아이들의 인성적 가치를 실현시키고, 아이들을 좀 더 수업의 중심으로 끌어올 수 있도록 학습자의 자기 주도적인 조사와 탐색, 상호 간의 토의, 토론, 발표 등의 모둠별 협력 학습이 이루어질 수 있는 문화 프로젝트 수업을 계획했다.

문화 발표 프로젝트 vs 문화 비교 프로젝트 – 수업 활동의 실제

먼저, 성취기준을 살펴보면 다음과 같다.

과목	성취기준
중국어 I	중국 문화에 대해 관심이 매우 높으며 스스로 알아보려는 적극적인 태도를 가지고 있다. 중국의 일상생활 문화와 문화유산 등에 관한 간단한 내용을 전반적으로 정확하게 이해한다. 또한 중국 문화와 우리 문화의 공통점과 차이점을 정확하게 이해하고 설명할 수 있다.
중국어 II	중국 문화에 대해 관심이 매우 높고, 현대 중국인의 일상생활 문화와 사회문화에 대해 총체적으로 이해한다. 또한 중국 문화에 대한 폭넓은 인식을 바탕으로 의사소통 기능을 향상시킬 수 있다. 중국 문화와 우리 문화의 공통점과 차이점을 상호 문화적 관점에서 제대로 이해하고 설명할 수 있다.

중국의 일상생활 문화에 관한 간단한 내용을 전반적으로 이해한다는 성취기준을 고려하여 〈중국어 I〉 과목을 배우는 학생들에게는 '중국 문화 발표 프로젝트'를, 중국 문화와 우리 문화의 공통점과 차이점을 상호 문화적 관점에서 이해한다는 성취기준을 고려하여 〈중국어 II〉 과목을 배우는 진로집중반 학생들에게는 '한 · 중 문화 비교 프로젝트' 수업을 진행했다.

우리 학교는 중국어 진로집중과정이 별도로 운영되고 있어 인문사회과정의 중국어 선택반 학생들에게는 〈중국어 I〉 과목을, 중국어 진로집중반 학생들에게는 〈중국어 II〉 과목을 가르치고 있다. 〈중국어 I〉에서 대부분의 문화를 다루기 때문에 〈중국어 II〉에서는 특성화시킬 수 있는 소재가 제한적이었다. 하지만 그중 6단원의 내용이 경극 '패왕별희'

를 감상한 후의 일기를 작성하는 내용이었기에 이와 연계된 수업 활동과 평가를 중심으로 '한·중 문화 비교 프로젝트' 수업을 계획했다. 지금까지 학생들과 가장 많이 한 문화 활동 중의 하나는 중국의 전통문화인 경극(京劇)을 소개하고 경극에서 사용되는 '검보(脸谱, 얼굴분장)'를 그려보는 것이었다. 하지만 이러한 이전의 수업과 다르게 교사가 중심이 되어 설명하고 활동하는 것이 아닌 학생들이 직접 탐구하고 우리 문화를 함께 비교해보는 방식으로 만들고자 했다.

■ '중국 문화 발표 프로젝트'의 단계별 계획 및 활동

〈중국어 I〉의 '중국 문화 발표 프로젝트' 수업의 경우 기초적인 발음 부분을 마무리하고 중국에 대한 이해와 흥미를 높이고자 문화 부분을 단원별로 따로 진행하지 않고 한꺼번에 묶어서 진행했다.

<단계별 계획>

1단계	〈중국어 I〉 교과서의 단원별 문화 주제 탐색, 모둠 선정, 모둠별 주제 선정
2단계	모둠별 주제 조사, 탐구, 토론, 협의를 통해 발표 내용 구체화 시키기
3단계	발표 내용에 따른 발표 형식 결정 및 발표 자료 만들기
4단계	모둠별 발표 및 평가, 발표 및 평가에 대한 피드백

1단계의 주제와 모둠을 선정하는 방식은 〈중국어 I〉 교과서(천재교육, 신승희 외)에 나오는 문화 부분의 모든 주제를 모아 제시하고 관심 있는 주제를 같이 선택하는 학생끼리 모둠을 정하는 것이었으며, 모둠별로 다음과 같은 주제가 정해졌다.

- 1모둠: 한국과 중국의 의식주 비교
- 2모둠: 중국인의 성씨와 이름
- 3모둠: 중국의 학교생활
- 4모둠: 중국인의 취미생활
- 5모둠: 중국의 가볼만한 곳
- 6모둠: 중국차
- 7모둠: 경극(京劇)

2단계에서 주제별 탐색과 조사를 할 때, 교과서의 내용을 바탕으로 내용을 확장시키고 주제에 맞는 다양한 발표 방법을 찾아보고 협의하도록 했다. 또한 협의 시 상대방의 의견을 경청하고 존중하는 태도가 중요함을 강조했다.

3단계에서는 발표 자료를 함께 만들고 발표 준비를 했으며, 마지막 **4단계**에서는 발표, 발표에 대한 질의응답, 발표 모둠에 대한 개인별 평가 및 정리로 진행했다.

단계별 수업 시수는 1시간 정도 소요되었다. 발표 결과 프레젠테이션을 활용한 발표 형식이 가장 많았지만 '중국인의 성씨와 이름'의 경우 자신의 이름을 중국어로 만들어보는 활동지를 준비했다. '중국의 학교생활'은 우리의 학교생활과 비교해보는 역할극을 재미있게 보여 주었으며, '경극'은 경극의 배우처럼 직접 얼굴 분장을 했다. '한국과 중국의 의식주 비교'에서는 한복과 치파오를 입고 전통 복장을 판매하는 쇼핑호스트가 되었다.

직접 조사하고 정리한 내용을 효과적으로 전달하기 위해 다양한 아이디어를 도출하는 모습들이 인상적이었으며, 교사의 일방적인 설명이 아닌 색다른 방법을 활용한 친구들의 설명에 아이들은 좀 더 경청하고 많은 호응을 보여 주는 등 긍정적인 반응이 많았다.

<중국문화 발표 프로젝트 활동사진>

▲ 한국과 중국의 의식주 비교

▲ 중국인의 이름과 성씨 발표 자료

▲ 중국차

▲ 중국의 학교생활

<중국 문화 발표 프로젝트 학생들의 반응>

≫ "조사에 발표까지 어렵다고 생각했는데 보람 있었어."

≫ "직접 조사한 내용을 정리해서 발표하니 더 많은 내용을 알게 된 것 같아."

≫ "요즘 패션에 대한 소개는 우리들의 눈높이에 맞춘 것 같아서 가장 재미있었어."

≫ "발표한 내용에 대해 한 번 더 생각해 볼 수 있도록 게임을 활용한 팀도 괜찮았어."

≫ "한 모둠은 조사를 굉장히 꼼꼼하게 한 것 같은데 오히려 너무 세밀해서 약간 지루하기도 했어."

≫ "직접 차이나타운까지 가서 중국의 음식들을 시식하고 동영상으로 만든 모둠이 기억에 남아."

<더 생각해볼 문제들>

처음 수업 계획을 세울 때 발표의 순서나 시기를 어떻게 정할 것인가에 대한 고민이 많았다. 모둠별 발표 시간을 제한하고 발표, 발표 후 질의응답, 평가, 발표에 대한 피드백을 모아서 한 번에 진행하다 보니 시간은 부족했으며, 발표가 계속 이어지다 보니 집중력이 떨어지기도 했다. 단원이 끝났을 때 쉬어가기식의 문화 수업 편성이 아닌 문화 부분을 중심으로 하는 수업을 통해 중국을 이해하고 인성적인 소양을 제고하고자 하였으나 직접 조사한 주제에 대한 이해도는 높았지만 다른 주제에 대해서는 오히려 겉핥기에 그친 것 같아 아쉽다. 그 외에도 다음과 같은 부분들에 대해 더 깊이 고민해 볼 필요가 있다.

- 프로젝트 활동의 순서와 시기가 적절했는가?
- 모둠별 구성원에 따른 발표의 완성도 차이를 어떻게 해결할 것인가?
- 자신이 조사한 내용이 아닌 부분에 대해 충분히 이해할 기회가 되었는가?
- 협의, 토론, 발표가 모둠별로 원만히 이루어져 인성 함양에 도움이 되었는가?
- 다른 모둠에 대한 견제, 반목, 또는 과도한 부풀리기 등의 현상이 방지되었는가?
- 발표, 질의응답, 평가 단계 시 시간이 부족하거나 집중력이 저하되지는 않았는가?
- 친구들을 평가하는 것에 부담을 느끼는 학생평가를 반영하는 것은 바람직한 것인가?
- 학생 참여 및 활동 수업이 아닌 수업을 학생에게 전가한 결과를 가져오지는 않았는가?

■ 한·중 문화 비교 프로젝트의 단계별 계획 및 활동

〈중국어 Ⅱ〉의 '한·중 문화 비교 프로젝트' 수업은 한국과 중국 문화의 공통점과 차이점을 비교해보며 각각의 문화에 대해 좀 더 깊이 이해하고 상대방의 문화를 긍정적으로 받아들일 수 있도록 하는데 초점을 두었다. 그리고 의사소통 능력을 반영하여 어학적인 부분과 문화적인 부분을 함께 프로젝트 수업 안으로 가져오는 것을 고려했다.

<단계별 계획>

1단계	• 한국과 중국의 대표적인 문화 탐색 및 발표 • 중국의 대표적인 전통문화로 경극 및 '패왕별희' 소개 – 중국어 Ⅱ 제6단원 • 문화를 소재로 한 한국의 예술 영역(영화, 드라마, 노래, 뮤지컬 등) 조사 및 탐색
2단계	한국의 문화를 소재로 하는 작품과 경극 감상 및 감상 비교 활동지 개별 작성
3단계	• 모둠별 중국의 경극과 비슷한 분야의 한국 문화 탐색 • 모둠별 공통점과 차이점 토론 및 발표
4단계	경극의 검보와 한국의 전통탈로 책갈피 만들기 활동
5단계	배운 단어를 활용, 한국의 문화와 경극의 내용을 포함하여 스토리텔링 하기

일단 소재가 문화와 예술을 연계해보는 것이라 아이들의 흥미와 관심이 높았다. **1단계**에서는 중국의 경극과 비교할 만한 한국의 문화를 찾아보며, 어떤 부분에서 차이점과 공통점이 있는지 자료 탐색과 토의 및 발표를 거치며 특징을 이해하는 시간을 만들었다. **2단계**에서는 관

련 작품을 감상하는 기회를 제공한 후에 감상한 작품과 작품 속 소재에 대한 활동지를 작성하도록 했다. 활동지는 작품 감상 후 자신의 생각과 느낌을 작성하는 것과 소재가 되는 한·중 문화의 특징을 조사하고 공통점과 차이점을 작성해보는 내용으로 자신의 생각을 서술하는 데 중점을 두었다.

<활동지 작성 예시 1 >

韩国 vs 中国
문화 비교 프로젝트 수업 활동지 1

중국의 京劇과 한국의 전통문화를 소재로 하고 있는 작품을 감상하고 줄거리 및 자신의 생각과 느낌을 작성하시오.

<활동지 작성 예시 2 >

韩国 vs 中国
문화 비교 프로젝트 수업 활동지 2

중국의 京劇과 비교될 만한 한국의 전통문화를 탐색하고 그 둘의 공통점과 차이점에 대해 작성하시오.

활동지 작성 후 학생들이 느낀 점들을 발표하고 공유하며 각 문화의 묘미를 되새겨볼 수 있었다. 또한 문화는 '좋다, 나쁘다'의 이분법적인

사고로 재단할 수 없는 것임을 스스로 생각해보는 계기를 만들 수 있었다. 감상하고 탐색하는 것으로 끝나는 것이 아니라 자신의 생각과 느낌을 글로 작성하며 스스로 내용을 정리하고 기억할 수 있었으며, 이는 발표 내용의 질적 향상에도 도움을 줄 수 있었다.

4단계로 경극의 검보 및 하회탈의 도안을 활용하여 책갈피를 만들어보는 활동을 한 후에 마지막으로 교과서(정진출판사, 이종민 외)에서 학습한 단어를 활용하여 전체적인 학습 내용을 스토리텔링 방법으로 정리하는 시간을 가졌다. 이를 통해 중국어를 사용하여 자신의 생각을 서술할 수 있도록 했으며, 수행평가의 한 영역으로 반영함으로써 수업과정이 평가와 함께 이루어지도록 도모했다.

<중국 문화 비교 프로젝트 학생들의 반응>

» "비슷한 듯, 차이가 분명한 것이 문화인 것 같기도 해."

» "판소리나 경극은 모두 그 나라의 특징적인 악기를 배경음악으로 사용하는 것 같아."

» "경극은 무슨 얘기인지도 모르고 큰 흥미가 없었는데 중국을 가게 된다면 꼭 직접 보고 싶어."

» "문화를 단순하게 비교하는 것은 어려운 것 같아. 하지만 경극은 '패왕별희'처럼 중국의 옛날이야기를 소재로 하는 경우가 많은데 우리나라 판소리도 대부분 옛날 고사인 점에서 비슷해."

» "탈춤이랑 비교해볼 수도 있는데 탈춤은 탈을 쓰고 그 탈에 맞는 인물의 걸음걸이 등의 외양적인 특징을 보여 준다면 경극은 화려한

분장을 얼굴에 직접 색칠하고 그 인물의 성격을 보여 주는 차이점이 있어."

≫ "탈춤이랑 더 비교해보면 우린 지역별로 다양한 탈춤이 발달되었지만 중국은 베이징의 한 개 지역을 중심으로 결합되어서 발달했어."

<더 생각해볼 문제들>

경극과 비교해볼 수 있는 한국의 전통문화로 판소리를 드는 경우가 많았다. 문학 시간에도 언급이 되고 판소리를 소재로 하는 영화들도 많이 제작되어 있어서 학생들이 가장 익숙한 분야이지만 더 다양한 문화적인 비교 탐색이 이루어지지 못했다. 비교 체험 활동 중의 하나로 경극의 검보와 한국의 탈 양식의 도안을 활용하여 책갈피를 만들어보는 활동을 하였는데, 여학생들 경우 예쁘게 색칠하고 꾸미는 과정을 즐기긴 했지만 고등학생 수준의 비교 체험 활동이 되었는지에 대한 아쉬움이 역시 존재한다. 더 나은 수업을 위해 고려해볼 만한 문제들을 정리했다.

- 다양한 문화적인 비교 탐색이 이루어졌는가?
- 단계는 대부분 1차시 정도 소요되었는데 시간적으로 적절하였는가?
- 도안을 색칠하고 꾸미는 체험 활동이 고등학생의 활동 수업으로 적절한가?
- 전통문화를 소재로 한 중국 및 한국의 예술 영역의 작품이 수준에 맞게 충분한가?
- 학습한 중국어를 활용하여 문화를 비교하는 내용의 스토리텔링은 학습자 수준에 맞는가?
- 문화를 수용하는 태도를 함양하고 문화에 대한 깊이를 확장할 만한 수업으로 타당하였는가?

⚠ 수업을 통한 성장

프로젝트 수업을 마무리하며 아이들과 수업 활동을 통해 느낀 점 또는 장단점을 자유롭게 이야기해보는 시간을 가졌다. 자기 주도적으로 친구들과 역할을 분담하여 문화적 특징들을 조사하고 발표 자료를 작성하여, 발표까지 해 낼 수 있어서 뿌듯했다는 반응이 대체적으로 많았지만 친구들과의 협업이 생각보다 더 어려웠다고 토로하는 경우도 있었다.

더 생각해볼 문제들에서 언급했던 친구들을 평가하는 부분에 대한 부담감, 더 열심히 참여하는 아이들과 그렇지 못한 아이들이 동일한 점수를 받는 모둠평가 방식으로 친구와 갈등을 겪게 되는 상황들이 역시나 존재했다. 학교 현장의 수업 방식이 '강의' 위주에서 학생 '참여' 중심으로 바뀌고 있지만 아이들이 모두 능동적으로 참여하고 적극적으로 발표하며, 친구들의 이야기를 귀담아 들으면서도 자신의 주장을 적절히 펼쳐낼 수 있기란 아주 어려운 일이다.

그럼에도 불구하고 이런 수업 활동이 의미 있는 것은 그런 경험을 통해 잠재적으로 조금씩 배워나갈 수 있기 때문일 것이다. 협동하고 협력하여 어떤 과제를 수행해야 할 때 필요한 마음가짐과 태도를 학교 안에서, 수업 안에서 은연중에 배우며 사회를 살아가는 역량을 키울 수 있을 것이다. 곧, 이런 문화 프로젝트 활동 수업을 통해 학생들이 스스로 탐색하고 조율하며 문화적인 기본 지식을 배움과 동시에 자신의 의견만을 내세우지 않고 타인의 의견을 경청하는 태도와 상대방의 문화를 있는 그대로 존중하는 자세를 함양하여 지식과 인성이 조화롭게 성장할 수 있게 되었기를 희망한다.

올해 처음으로 시도해봤던 문화 프로젝트 수업에 대한 이야기들을 펼쳐 보이면서 이미 너무 익숙한 수업 방식이어서 많이 식상할 수 있겠다는 생각을 한다. 좋은 수업을 꿈꾸며 프로젝트 수업 활동을 계획했지만 여러 가지 부분에서 부족한 점이 많으며 스스로도 만족하는 것은 아니다. 하지만 스스로 수업의 전체적인 모습을 돌아보는 계기를 가질 수 있었으며, 아직 시도해보지 못한 누군가에게는 미처 실천하지 못했던 아쉬운 부분에 대한 개선을 통해 좀 더 나은 수업 운영이 될 수 있지 않을까 하는 기대를 해보기도 한다. 부끄럽지만 용기를 내어 이 글을 쓰는 이유이다.

아마도 모든 교사들은 지금 이 순간에도 '지난 수업'에 대해 반성하고 있을 것이며 좀 더 나은 '좋은 수업'을 위해 고민하고 있을 것이다. 늘 현재 진행형인 고민의 답을 찾아가는 과정의 반복을 통해 꿈꾸는 '좋은 수업'에 가까이 다가갈 수 있다고 믿으며, 그 과정에 조금이나마 보탬이 될 수 있기를 희망한다.

13

 환경과 녹색성장

서형진

'프로젝트 시티즌'을 통한
사회 참여 활동 수업

⚡ 교양과목을 어떻게 편성하고 운영할 것인가?

최근 학교에서는 학생들의 요구에 맞추어 교양과목을 편성하고 있지만 제대로 운영하는 것은 쉽지 않은 일이다. 그 이유는 교양과목의 수가 다양할 뿐 아니라 여러 교양과목을 운영하는 데 필요한 실무적인 가이드도 많지 않기 때문이다. 이런 상황 속에서 여기서는 본교에서 실시하였던 '환경과 녹색성장'이라는 교양과목을 어떻게 편성하고 운영하였는지를 소개해 보고자 한다. 이것이 모범 답안은 아니지만 그래도 교양과목을 운영할 때 약간의 도움이라도 될 수 있을 것이라 생각하기 때문이다.

우리 학교는 학생들의 선택권을 보장하기 위해 학생이 희망하는 경우 어느 정도 여건이 갖추어지면 가급적 과목을 개설하는 경우가 많다. 최근 환경에 대한 관심이 많아지자 '환경과 녹색성장'이라는 과목을 선택하는 학생 수가 증가했고, 이에 작년에 교양과목으로 이 과목을 개설했다. 그리고 평소 환경과 관련된 여러 이슈에 관심이 있었던 나는 비록 수학 교사이지만, 마침 담당 과목을 분배하는 과정에서 이 과목의 수업을 맡아 진행하게 되었다.

호기심과 굳은 의지로 시작했지만 시간이 갈수록 과목을 운영하는 것에 대한 부담감을 많이 느끼게 되었고, 어떻게 운영해야 할지 고민하게 되었다. '환경과 녹색성장'이라는 과목 성격에는 주당 1시간의 수업과 강의식 수업은 전혀 어울리지 않았기 때문이다. 그래서 모둠별로 환경에 관련된 주제 중 관심 있는 주제를 선정하여 발표하는 수업을 운영해 보았다. 학생들은 자신이 관심을 갖는 부분에 대해서는 적극적인 반응을 보였으나 그 반대의 경우에는 집중도가 매우 떨어졌다. 이런 상황 속에서 '교과교육 개선 선도학교'의 내용으로 '프로젝트 시티즌'이라는 프로그램이 있다는 것을 알게 되었고, 이 프로그램을 내가 맡은 교양과목에 적용시키는 것이 어떨까 하는 생각을 했다. 1/4의 일정이 지나간 후 일이었지만 그만큼 이 수업을 진행하는 데 절박했다.

'프로젝트 시티즌'은 모둠별로 주제를 정한다는 점에서는 여느 모둠 중심 발표 수업과 크게 다르지 않지만, 합리적인 의사결정 과정을 거쳐 공통의 주제를 정하고, 그 주제를 모든 학생이 조사 및 발표한다는 점에서 특징이 있다. 또한 교양과목의 성격상 진도에 얽매이지 않고 수업 시간도 자유롭게 활용할 수 있다는 특징도 가지고 있다. 이러한 두 가지 특징을 염두에 두고 학생의 활동과 참여를 중심으로 수업을 운영한다면 학생들의 흥미와 집중도는 향상되고, 협동심을 기르는 데에도 좋을 것이라 생각했다. 이 과정에서 교사는 철저하게 조력자의 입장에서 학생과 함께 고민하고 의견을 제시하며 '프로젝트 시티즌'을 진행했다. 특히 '프로젝트 시티즌'을 진행할 때 인천 학생수련원에서 합리적인 의사결정을 위한 '월드 카페'를 운영하는 데 큰 도움을 받았다. 이러한 경

험을 통해 학생들은 더 주체적이고 적극적인 태도로 '환경과 녹색성장'
이라는 과목에 흥미를 갖고 임하게 되었다.

❗ '프로젝트 시티즌'이란 무엇인가?

'프로젝트 시티즌'은 미국 시민교육센터에서 제작한 사회 참여 프로
그램이다. 이 프로그램의 주된 목적은 학생들이 책임감 있게 미국의 정
치 제도에 참여하는 능력을 증진시키는 데 있다. 정치 참여가 가능하려
면 정부가 하고 있는 일을 이해하고 감시하는 능력과, 시민들에게 중
요한 문제에 대해 정부에 영향을 미칠 수 있는 능력을 보유하고 있어야
한다. '프로젝트 시티즌'은 미국의 복잡한 정부 제도와 정부를 감시하
고 영향을 미치는 방법을 학습하기 위한 실용적이고 직접적인 접근법
을 제공한다. 학생들은 정부가 전혀 또는 제대로 처리하지 못하고 있는
문제점들을 찾아내기 위해 공동으로 지역 사회 조사에 나서 문제점을
파악한다. 그 가운데 문제점 한 가지를 선정하고, 서로 협력하여 다음
과제들을 수행한다.

- 문제점을 파악하고 조사한다.
- 문제점들을 해결할 대안들을 찾고 대안 해결책들의 장단점을 따져본다.
- 정부의 조치를 필요로 하되 주(state) 및 연방 헌법 조항들을 위반하지 않
  는 해결책을 제안한다.

- 그 해결책을 고려 또는 채택하도록 적절한 정부 기관에 영향을 미치기 위한 실행 계획을 내놓는다.

⚠ '프로젝트 시티즌'을 어떻게 적용할 것인가?

'프로젝트 시티즌'은 미국에서 만들어진 프로그램이라 우리나라의 법, 정책과 다른 점이 많아 어떻게 적용해야 할지 고민이 많았다. 하지만 혼자 하는 것이 아니라 학생들과 같이 서로 보완한다는 생각을 하며 교과에 적용해 보기로 했다. 교양과목의 시수가 1단위이어서 현실적으로 시간이 많은 편은 아니나 주어진 여건 내에서 충실하게 운영하기로 했고, 다음과 같이 계획을 세워 실행했다. 212쪽 표는 9월 2주부터 12월 2주까지 실제적으로 운영한 '환경과 녹색성장' 교과 운영 계획이다.

이 프로그램은 미국에서 들어왔지만 학생이 참여하는 프로그램이라는 본질은 유지하기 위해 교사가 수업을 주도하기보다는 학생들 스스로가 수업을 주도해야 한다는 생각이 들었다. 그래서 처음에 '프로젝트 시티즌'을 소개할 때를 제외하고는 학생들 스스로 할 수 있도록 모둠을 편성하고, 옆에서 도움을 주는 형식으로 운영했다. 교사도, 학생들도 처음하는 것이라 낯설기는 했지만 스스로 형식에 구애받지 않고 하는 것이다 보니 학생들도 빨리 적응했고, 직접 수업에 참여하는 것에 재미를 느끼고 있었다. 그리고 주제를 정하는 것도 과목의 특성을 살려 환경 정책을 중심으로 하되 학생들이 주체가 되어 정할 수 있게 했다. 그래야 학생들이 주제를 정하기 쉽고, 교과의 목적과도 부합하기 때문이다.

주	수업 내용
9월 2주	프로젝트 시티즌 소개
9월 3주	공공 정책 문제점 찾기 (1) – 공공 정책으로 처리될 문제점들 찾기
9월 4주	공공 정책 문제점 찾기 (2) – 학급이 연구할 문제점 또는 문제점들 선정하기
10월 1주	1차고사
10월 2주	현장 체험학습
10월 3주	월드 카페 운영
10월 4주	
11월 1주	문제점과 관련된 대안 정책 조사 – 연구할 문제점에 대한 정보 수집하기
11월 2주	문제점과 관련된 대안 정책 조사 – 수집한 정보 정리하기
11월 3주	
11월 4주	공공 정책 만들기 – 조사 결과를 발표할 정책 포트폴리오 개발하기
11월 5주	공공 정책 만들기 – 정책 포트폴리오 만들기
12월 1주	
12월 2주	2차고사

공공 정책 문제점 찾기

학생들에게 먼저 환경에 대한 문제를 찾도록 했고, 23명인 모둠을 5~6명으로 편성하여 4모둠을 만들어 실행하도록 했다. 그 결과 아래와 같은 주제를 만들어 조사했다.

1모둠	프레온 가스의 과다 배출
2모둠	거리 내 쓰레기통 부족으로 인한 쓰레기 증가
3모둠	음식물 쓰레기 배출 시스템과 태도
4모둠	과도한 지역 예산 사용 및 무분별한 토지 사용

■ 월드 카페 활동

이렇게 찾은 문제점을 모두 선정해 조사를 하는 것보다는 민주적인 합의 절차에 의해 결정을 하고, 더 좋은 의견들을 수렴하기 위하여 월드 카페 활동을 진행했다. 진행 절차는 다음와 같다.

문제점과 관련된 대안 정책 조사

대안 정책을 조사하기 위해 먼저 월드 카페에서 결정된 내용 중 인천 아시아드 주경기장과 경인 아라뱃길을 주제로 두 모둠으로 나누어서 조사하기로 했다. 인터넷, 시민들 인터뷰, 관련 기관 문의 및 질의 등의 활동을 통해 조사하기로 결정하고 각자 역할을 분담하여 시행했다.

1. 조사 그룹 구성원들의 이름: 김○○, 장□□, 정△△, 정○□, 최△○

2. 여러분이 조사하고 있는 문제점을 간략히 설명하라. 인천 아시아드 주경기장의 비용 낭비

3. 어떤 지역 사회들이 이 문제점의 영향을 받고 있는가?
 - 인천광역시 시민들, 4천 6백억 원이 투입된 인천 아시아드 주경기장으로 인해 인천광역시 시민들이 피해를 받고 있다.

4. 이 문제점이 그 지역 사회에서 얼마나 심각한가.
 - 주경기장을 포함해 경기장 신설에 들어간 1조 원은 인천 시민들의 빚으로 남아 있고, 운영비는 연간 40억 원 가까이 지출되고 있지만 실질적으로 활용되지 않고 있다. 또한 건설과 관리에 따른 부담은 고스란히 인천 시민들의 세금이 되어버렸다.

5. 무엇이 이 문제점의 원인인가?
 - 인천 아시안 게임을 위해 인천에서 가장 규모가 큰 기존 문학 경기장을 리모델링해 사용해도 충분했음에도 불구하고, 인천 아시안 게임을 위해 일회성을 주목적으로 하고 그 뒤 활용 방안에 대해서는 구체적으로 계획하지 않은 채 설립을 강행한 것이 이 문제의 원인이라 생각한다.

6. 이 문제점을 다루는 공공정책이 있는가?
 - 없음

7. 이 공공 정책 또는 이 정책을 처리하는 현행 방법을 둘러싸고 지역 사회 안에서 어떤 이견이 있는가?
 - 아시아드 경기장에서 열리는 각종 축제의 구성이 부실함. 이미 문학 경기장이 존재하는 상태에서 새로 경기장을 지은 점을 이해하기 어려움. 또한 전국의 경기장들이 적자를 내고 있는 상황에서 어떤 방식으로 운영할 것인지 알기 어려움. 전반적으로 부정적인 의견. 그러나 후대에 지속적으로 물려줄 수 있는 유산이므로 세대와 분담해서 빚을 갚아 나간다면 부담이 없을 것이라는 의견도 있었음.

▲ 인천 아시아드 주경기장 관련 기관에 문의 및 인터뷰한 자료

	1	2	3	4	5	6
다른 공원들에 비해 아리뱃길이 좋은 것 같나요?	yes	no	yes	yes	no	yes
아리뱃길이 세균 약 2조 7,000억 원이 들어서서 만들어졌다고 하는데 관련 그 만큼의 가치가 있다고 생각하시나요?	yes	no	no	no	no	no
아리뱃길의 환경문제에 생각해 보신 적은 있으신가요?	no	여름되면 냄새가 심해서 생각해보았다. 올해 여름에 물고기가 집단폐사한 모습도 보았다.	카페에 있는데 화장실이 너무 더러워서 두 번 다시 가고 싶지 않았어요.	아리뱃길의 수질오염문제와 공원쓰레기 문제가 있다고 생각합니다.	실제 아리뱃길에 방문했을 때 수질 등의 환경관리가 소홀하다는 것을 느꼈습니다.	환경문제가 생각보다 심하다는 것을 알고 있었습니다.
아리뱃길 수질오염(악취, 쓰레기) 때문에 주변에 사시는 주민분들의 민원이 있을 거라고 생각해 보신 적이 있으신가요?	yes	겸암2지구는 가능하다고 생각함	yes	yes	no	no
아리뱃길의 원래 목적은 물류 운송을 위한 운하인데 유람선 이외의 다른 선박을 보신 적이 있으신가요?	1번	no	유람선은 본 적이 없고 해경순찰보트가 돌아다닌 건 봤어요.	no	no	no
현재는 예상 운송량의 10%정도만이 운송되고 있다고 합니다. 이것에 대해 어떻게 생각하십니까?	제 능력을 못하고 있는 것 같습니다.	아리뱃길 수위도 낮은 것 같고 애초에 운송을 목적으로 하는 뱃길에 교다리를 설치한다는 것부터 말이 되지 않는다.	처음에 만든 목적에 위배된다고 생각해요. 투입된 자본에 비해서 결과가 미비한 것 같네요. 경칠보트만 돌아다니고 공원 이외에는 용도를 잘 모르겠어요.	생각해본 적 없습니다.	세균을 들여 만들어 놓은 시설을 이용하지 못하여 아입니다.	세균의 낭비가 심하다고 여기며, 이러한 운송시설을 충분히 활용하는 방안이 마련되어야한다고 생각합니다.

▲ 경인 아라뱃길 관련 설문조사 자료

안녕하십니까? 저희는 인천신현고등학교에 재학 중인 2학년 10반 학생들입니다. 저희들은 '환경' 수업 시간에 '프로젝트 시티즌'을 진행하고 있습니다. 이를 통해 지역의 문제점들과 그런 문제점들을 정부가 처리하는 방법, 시민들이 정부에 참여할 수 있는 방법에 대해 공부하고 있습니다.

저희가 연구하고 있는 문제점은 '경인 아라뱃길'의 환경 문제와 예산 사용에 관한 것입니다. '경인 아라뱃길'은 2조 6,700억 원이라는 막대한 국가 예산이 투입되어 만들어진 물류와 관광을 위한 뱃길입니다. 그러나 당초의 계획과는 다르게 아라뱃길의 물동량은 예측치의 10%에도 못 미칠뿐더러 지금은 야영객과 자전거 타는 시민들이 대다수입니다.
또한 굴포천, 수도권 매립지 등에서 나오는 물에 있는 많은 오염 물질로 인해 녹조 현상, 물고기의 죽음, 악취 등이 발생하고 있습니다.

그래서 이 문제점에 대해 학급 친구들과 함께 공유할 정보를 수집하고 있습니다.
시간이 되신다면 아래 질문에 답변해주셔서 메일을 보내주시길 바랍니다. (모든 질문에 답변을 해주지 않으셔도 괜찮습니다.)

▲ 경인 아라뱃길 관련 지역 국회의원에게 질의

공공 정책 만들기와 포트폴리오 개발 및 작성

조사한 내용을 토대로 직접 인천 아시아드 주경기장과 경인 아라뱃 길과 관련된 공공 정책을 만들어 보고, 이를 토대로 포트폴리오를 작성 하도록 했다. 포트폴리오는 모둠에서 양식을 결정한 후 그에 맞게 제작 하도록 했으며, 문제점, 이용 사례 또는 해외 사례, 정책 고안, 구체적 인 실행 계획, 4단계로 구성하여 제작하였다.

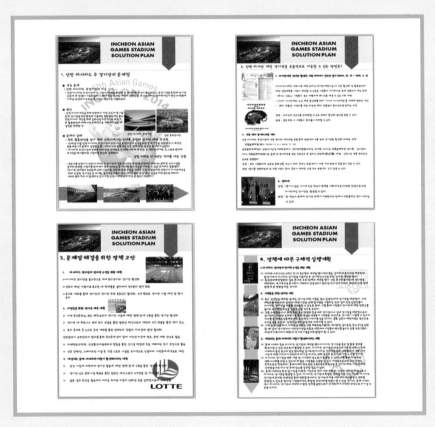

▲ 인천 아시아드 주경기장 모둠

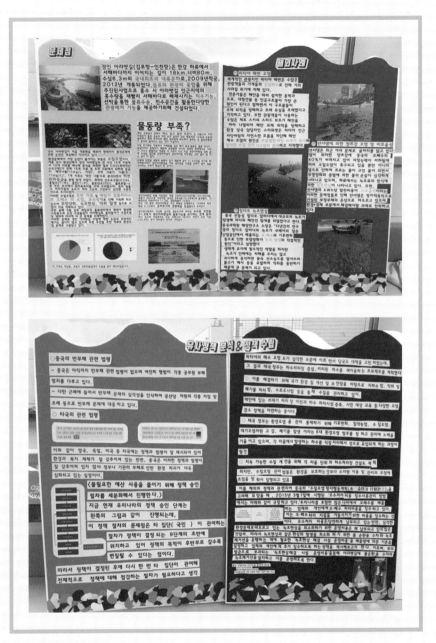

▲ 경인 아라뱃길 모둠

그동안 했던 활동을 어떻게 기록할 것인가

정○○	내가 사는 지역임에도 불구하고 지역의 문제에 관해 관심을 갖지 않아 온 나를 반성하게 되었다. 나 혼자 생각하기는 어려운 주제였음에도 친구들과 주고받는 토론을 통해 주제를 구체화하고 해결 방안까지 생각해 낸 것이 신기하고 유익했다. 아시아드 주경기장에 그렇게 다양한 문제점이 있는지 몰랐다. 경기장의 다양한 문제점을 해결하기 위한 정책을 만드는 과정에서 시민으로서 갖춰야 할 태도에 대해 배울 수 있었다. 실제 정책에 우리의 의견이 반영되진 않겠지만, 프로젝트 시티즌이 더욱 확대되고 널리 보급되면 언젠가 학생의 의견도 정책에 반영되는 날이 올 것만 같다.
김○○	월드 카페 호스트가 되어 '음식물 쓰레기 처리 실태 및 해결 방안'을 주제로 토론을 진행했다. 다양한 친구들이 음식물 쓰레기에 대해 다양한 의견을 주었고 의견을 수렴하고 정리하는 과정에서 월드 카페를 시작하기 전에는 생각하지 못했던 합리적인 해결 방안을 도출해낼 수 있었다. 이번 활동을 통해 많은 사람들이 모여 의견을 교류하면 상상치 못했던 결론을 얻을 수 있다는 것을 느꼈다. 또 이번 프로젝트 시티즌 활동을 통해 우리 지역 사회에 좀 더 관심을 갖게 되었고 지역 사회 문제점에 대한 해결 방안을 고민할 때 어떤 부분을 고려해야 가장 합리적인 해결 방안을 찾아낼 수 있는지 알게 되었다.
한○○	친구들과 함께 환경에 대한 주제를 바탕으로 의견을 제시하고 나누면서 환경 문제에 대한 경각심을 가질 수 있었고, 다양한 생각을 알 수 있었던 유익한 시간이었다. '프로젝트 시티즌' 활동을 통해 환경 개발이라는 중요한 문제에 대해 다시 한 번 생각해보는 계기가 되었고, 이 활동을 통해 환경 뿐만 아니라 경제적인 측면에서도 문제가 있을 수 있다는 새로운 생각을 갖게 되었다.

위에서 살펴본 것처럼 25명의 학급 학생들을 2모둠으로 나누어 12명과 13명이 각각 인천 아시아드 주경기장과 경인 아라뱃길을 조사하여 포트폴리오를 만들게 했다. 또한 포트폴리오를 4부분으로 나누어 1단계당 3명 정도의 학생들이 나누어 맡아 충분히 각자의 역할을 분담

하여 만들도록 하니 학생들이 각각 참여했던 부분들이 모두 달라 학교 생활기록부에 개별적으로 모두 다른 세부 특기사항을 작성할 수 있었 다. 더구나 '프로젝트 시티즌' 활동 이후 개별적으로 느꼈던 점들도 수합 하여 풍부한 교과 세부능력 및 특기사항 기록이 가능했다고 생각한다.

운영하면서 잘 된 점이나 보완할 점은 무엇인가?

처음에 학생들이 이러한 프로젝트를 하자고 했을 때 담당 교사였던 나도 처음이어서 많이 당황스럽고 어떻게 해야 할지 막막했다. 하지만 점점 학생이 주도하는 수업이 되어가는 모습을 보며 교사인 나도, 학생 들도 점점 수업에 재미를 느꼈다. 그리고 시간이 흐를수록 학생들도 이 활동을 즐기고 열심히 하려는 적극적인 모습을 보여 주어 수업을 진행 하면서 많은 것을 배우는 계기가 되었다.

또한 평가가 없는 교양과목이라 한편으로는 평가에 대한 부담감을 덜 수 있었지만 평가가 없는데 학생들이 과연 적극적으로 참여할 것인 가에 대해서도 많이 걱정했다. 물론 모든 학생들이 적극적으로 참여하 는 모습을 보이면 좋겠지만 어떤 부분에서는 어쩔 수 없이 하는 학생들 도 있을 수 있다. 하지만 이 부분은 앞으로 좋아질 것이라고 생각하는 데, 그 이유는 학생들이 '프로젝트 시티즌'을 수행하며 스스로 자신의 의견이 반영되는 것을 확인하고 뿌듯함을 느끼면서 스스로 내적인 동 기가 일어났기 때문이다. 또한 환경 정책과 관련하여 수학, 과학을 좋아하는 학생들이 열심히 할 수 있을까에 대한 의문도 들었지만 수행 과정 속에서 많은 배움이 일어나고 관심을 갖게 되었으며, 자신의 주변 환경에 대해 많은 생각을 하게 되었다는 부분에서 분명 이 수업이 도움을 주었다고 생각했다. 그리고 실생활과 관련된 내용을 다루다 보니 학문과 현실 사이의 괴리감을 줄이게 되었고, 실용성이 큰 과목으로 인식되어 학생들이 더 다가오기 쉬웠던 것 같다.

앞으로 교양 수업을 준비할 때 재미있는 활동으로 구성하고 학교생활기록부와 일치시켜 운영한다면 더욱 질 높은 학교생활기록부를 만들 수 있지 않을까. 또한 학생들은 스스로 적극적으로 참여한 활동으로 기억할 것이며, 대학 진학에 있어서도 좋은 영향을 줄 수 있을 것이라 생각한다.

다만 아쉬운 점은 교양 수업으로 주당 1시간은 '프로젝트 시티즌'을 운영하기에 짧은 시간이라는 점이다. 따라서 좀 더 다양한 활동을 하기 위해서는 주당 2시간 정도의 시간을 편성하는 것이 바람직할 것이다. 또한 월드 카페나 토의 형태의 수업은 블록 수업으로 시간을 조정하여 연속성을 유지한다면 더 좋은 의견이나 활동이 가능할 것으로 판단된다.

학생 중심 수업에서 교사의 역할이 가르치는 것보다는 관리하고 운영하는 데 더 큰 비중을 두게 되는 것은 교사 역할의 변화라는 점에서 커다란 변화라고 할 수 있다. 모둠별로 활동이 제대로 이루어지기 위해 적절한 자극과 통제를 하는 것이 교사의 주요 역할이 되는 것이다.

교양과목으로 등급을 부여하는 평가가 없다보니 학생들이 그 필요성을 잘 느끼지 못하는 경우도 있다. 하지만 '프로젝트 시티즌' 활동을 통해 다양하게 적용한다면 단지 성적을 추구하는 것이 아니라 사회 구성원의 하나로, 또 민주 시민으로서의 역할을 인식하는 데 중요한 계기가 될 수 있으리라 생각한다.

14

진로와 직업

황일주

합리적 진로 의사결정을 통한 진로 설계

💡 학생의 진로 선택은 합리적 의사결정의 결과인가?

학기 초 자신의 진로가 결정된 학생은 손을 들어 보라고 하면 제법 많은 학생이 손을 든다. 손을 든 학생은 어딘지 모르게 의기양양한 태도를 보이는 반면, 손을 들지 못한 학생은 마치 수업 시간 중 자신에게 주어진 문제를 해결하지 못한 것에 대한 아쉬움을 나타내기도 한다. 외형적으로 판단한다면 손을 들지 못한 학생 모두에게 진로 교사의 관심과 지도가 더욱 필요할 것이다.

하지만 학생과 함께 진로 수업을 하고 진로 활동을 진행하다 보면 의외의 현상을 매년 확인할 수 있다. 자신의 진로가 정해졌다고 말하는 학생 중 진로 결정의 동기와 결정 과정을 설명할 수 있는 학생이 많지 않다는 것이다. 즉, 진로는 결정했지만 결정된 진로에 대한 합리적 의사결정 기반이 허술하여 사소한 외부 자극에 취약할 뿐만 아니라, 진로 변경에 대한 불안이 매우 크다는 것이다.

자신의 진로 결정 단계에서 합리적 의사결정 기반이 취약한 학생은 학년이 바뀔수록 자신의 진로 결정을 수정해야 하는 상황에 직면할 가능성이 높아진다. 이것은 점차 자신에 대한 이해가 깊어지고 진로와 직업에 대한 구체적 정보를 습득하는 과정에 따른 당연한 결과일 것이다. 하지만 이전의 진로 결정에서 합리적 진로 의사결정을 충분히 경험하지 못했기 때문에 자신에 대한 이해와 진로 결정을 함께 아우르는 진로 변경에 어려움을 느끼며, 진로 결정을 대학 입시라는 눈앞의 장애물을 넘기 위한 도구로 폄하하는 오류를 범하곤 한다.

이에 '합리적 의사결정'을 돕는 진로 수업은 자신의 경험과 결정을 '합리적 의사결정'이라는 관점에서 한 번 더 생각해볼 수 있는 기회를 제공하고 있다. 또한 학생은 '결정'이라는 도착점에 대한 관심을 '합리적 의사결정'이라는 과정에 더 둠으로서 자신의 결정과 선택에 확신을 갖게 되는 계기가 되었다.

❗ 진로 의사결정 유형이란

진로 의사결정 유형[1]은 진로 의사결정 평가(Assessment of Career Decision Making)에 기초하여 합리적, 직관적, 의존적 진로 의사결정 유형으로 나눈 것이다. 의사결정 유형을 통해 각각의 특징에 대해 알아보면 다음과 같다.

---

[1] Tiedman과 O'hara의 진로 의사결정 이론에 기초한 의사결정 유형

구분	합리적 의사결정 유형	직관적 의사결정 유형	의존적 의사결정 유형
정의	자신을 포함한 다양한 정보를 탐색한 후 여러 가지 대안을 생각하며 결정	직관에 의한 결정을 하며, 바람직하다고 느끼거나 마음에 든다는 느낌으로 결정	자신이 중심이 되기보다 주변의 다양한 요소(기대, 요구 등)에 영향을 받아 결정
의사 결정 과정	• 자신과 주변 상황에 대한 객관적인 평가를 할 수 있음 • 결정을 위한 정보를 수집하고, 계획적이며 논리적인 판단을 함	• 다분히 감정적이며, 즉흥적인 판단이 우세함 • 무계획적이며 결정에 대한 설명이 부족함	• 주변의 조언을 많이 참고하며, 타인과 주변의 기대 및 요구 등에 영향을 많이 받음 • 결정에 대한 불안감으로 타인의 조언을 적극 수용함으로써 해소하려 함
장점	• 결정이 실패할 확률이 낮음 • 심리적 독립과 개인의 성장에 긍정적 효과가 있음 • 자신의 결정이 실패하더라도 자신의 책임으로 인식함	• 판단과 결정이 빠르며 위기 상황이나 긴급한 상황에서 진가를 발휘함 • 자신의 결정이 실패하더라도 자신의 책임으로 인식함 • 의사결정에 소요되는 시간이 빠르며 종종 창조적인 결정이 나타나기도 함	상대적으로 의사결정이 실패할 가능성이 적음
단점	결정에 필요한 시간이 상대적으로 많이 필요함	결정에 대한 후회가 있을 가능성이 높음	실패에 대한 원인을 외적인 요소에서 찾으려고 함

🛈 합리적 진로 의사결정의 중요성

　진로를 결정하고 설계할 때 매우 유용한 요소는 합리적 의사결정이다. 합리적 진로 의사결정은 자신의 미래를 결정짓기 위한 충분한 정보를 탐색하고, 탐색한 정보를 정제하며 합리적 판단을 위한 기초 자료로 활용할 수 있도록 도움을 준다.

　합리적 진로 의사결정을 위해 진로와 직업 정보만이 아닌 자신에 대한 이해를 높이는 것도 소홀하지 않아야 한다. 직업 가치와 직업 적성을 어떻게 인식하고 있는가에 따라 직업 선택은 크게 영향을 받는다. 따라서 자신이 선택하려는 직업 가치와 직업 적성에 대한 탐구 과정이 필수이다. 또 합리적 진로 의사결정은 결정에 필요한 대안을 모두 나열하여 그러한 대안을 선택했을 때 나타나는 결과까지 예측할 수 있도록 한다. 비록 진로와 직업 체험 기회가 없는 학생에게 뚜렷한 성과를 기대하기 어렵지만, 합리적 진로 의사결정 과정을 조금이라도 경험하도록 함으로서 자신의 결정에 확신을 줄 것이다.

🛈 자신의 진로 의사결정에 대한 의심

　"나는 꿈이 있어요.", "나는 ○○이 되고 싶어요."라고 말하는 학생은 학급에서 제법 많이 찾아볼 수 있다. 하지만 그 꿈에 이르는 과정을 발표하도록 하면 당황해하는 학생 역시 적지 않다.

- 그 직업에서 하는 일이 무엇인지 설명하기
- 그 직업에서 필요한 적성과 능력은 무엇이며 나의 적성과 능력에 맞는지 설명하기
- 그 직업에서 필요한 적성과 능력이 없다면 어떻게 보완할지 설명하기
- 그 직업을 갖기 위해 어떤 훈련과 과정이 필요한지 설명하기

이렇게 진로와 직업에 대한 구체적 정보를 묻는 질문을 받게 되면 대부분의 학생은 그런 질문을 생각해본 경험이 없거나 생각했더라도 피상적 수준의 질문과 답변에 머무르는 것을 확인할 수 있다. 따라서 고등학교 학생에게 필요한 것은 진로 결정이 아닌 진로 결정에서의 합리성을 확보하는 것이라 할 수 있다.

학생이 진로 의사결정과 관련하여 가장 혼란을 느끼는 것은 '진로 미결정인 상태'라고 오해하기 쉽지만 실제 상담에서 발견한 것은 '진로 변경에 따른 혼란'이다. 진로를 결정하고 설계하는 과정에서 충분한 합리적 의사결정 과정을 경험하지 못한 학생은 진로 변경을 무에서 유를 창조하는 것처럼 느낀다. 하지만 지난 진로 의사결정 단계에서 합리적 의사결정 과정을 충분히 경험한 학생은 진로 변경을 진로 의식의 발달로 승화시킬 수 있다. 반면 진로 결정 단계에서 합리적 의사결정을 충분히 경험하지 못한 학생은 진로 변경이라는 불안감에서 벗어나기 위해 다시 비합리적 선택을 반복하며 진로 미결정 상태를 벗어나려는 데 급급해 한다.

따라서 학생의 신체적·정신적 성장에 어긋나는 진로 의식 발달이라는 결과를 낳게 되는 것이다.

교사는 학생과 진로 상담을 할 때 학생 스스로 자신의 진로 의사결정 과정에서 얼마나 합리적이었는가를 판단할 수 있도록 도울 수 있다.

- 진로를 선택한 계기가 무엇인가?
- 선택한 진로에 대한 정보를 어떻게 찾았으며, 정보의 출처는 어디인가?
- 진로 선택에 도움을 준 사람은 누구이며, 어떤 도움을 받았는가?
- 자신의 직업 가치관 및 직업 적성과 어떤 부분이 일치되는가?
- 선택한 직업에 대한 자신의 강점은 무엇인가?
- 선택한 직업을 더 훌륭하게 수행하기 위해 어떤 노력을 하고 있는가?

이렇게 학생과 상담하며 학생의 진로 결정 과정을 하나하나 돌아보게 하면 자신의 진로 선택 과정이 합리적이었는지 학생 스스로 확인할 수 있으며, 다음에 진로를 변경하려 할 때 참고가 되기도 한다.

과목	진로와 직업
단원(주제)	진로 의사결정 능력 개발
성취기준	GHIV 1.1.1 자신의 진로 의사결정 방법을 합리적으로 평가하고 수정할 수 있다.
수업 대상 및 시기	중학교에서 결정한 진로 선택에 대해 합리성의 잣대로 재평가할 수 있는 기회를 제공하며, 고등학교 진로 수업의 방향을 제시하기 위해 고등학교에 입학한 3월이 가장 효과적인 시기임
학습 형태	모둠 활동
수업 목적	자신의 선택과 결정이 합리적이었는가를 스스로 평가할 수 있으며, 선택과 결정보다 과정이 더 중요함을 깨닫게 하고자 함

합리적인 진로 의사결정 연습하기

1학년 (   ) 반   성명:

　　선생님과 5명의 학생은 원주민 가이드와 함께 우기에 접어든 정글 속에서 야영하며 탐사하던 중, 탐사 3일째 아침 원주민 가이드가 '마을은 남쪽 50km'라는 메시지만 남겨놓고 홀연히 사라졌다. 선생님과 학생은 야영장에 있는 물품 중 쓸모 있는 물품을 하나씩 챙겨 마을을 향해 걷기로 했다. 이때 야영장에 있는 물품 중 어느 것을 선택할 것이며 그 이유는 무엇인가······.(모두 6개 선택)

물품명	선택 (OX)	선택 이유 (개인)	모둠 선택 (OX)	선택 이유 (모둠)	최종 선택
손전등					
판초우의					
정글도					
지도					
나침반					
항생제					
텐트					
권총					
거울					
두꺼운 옷					
소금					
코펠					
모기 퇴치제					
식물도감					
로프					

활동 후 소감	

위의 활동지는 학생이 자신의 결정과 판단에 합리적인 사고가 부족했다는 것을 간접적으로 알려주는 데 효과가 있다. 활동을 하기 전에 학생 대부분은 이 활동이 주는 흥미 요소에만 집중하지만 활동을 마친 후 자신의 결정과 판단을 반성할 수 있는 매우 효과적인 수업 자료이다.

1단계

이 수업은 처음에 친절한 안내를 하지 않도록 해야 한다. 가장 큰 목적이 주어진 정보에 대한 오해와 미인식으로 인한 결정 오류를 경험하도록 하는 것이기 때문이다. 따라서 모둠 편성과 기록 방법 등 가장 기본적인 사항만 안내하고 학생의 반응을 살펴보는 것이 적절하다. 생존 품목 선택과정과 모둠별 활동을 마친 후 아래의 질문을 통해 학생 스스로 자신의 진로 의사결정 또는 의사결정 과정을 돌아볼 수 있는 좋은 기회가 될 수 있다.

Q1 다른 학생보다 생존 물품을 선택하는 데 시간이 매우 짧았는가?
생존 물품 선택 시간이 다른 학생보다 현저하게 빨랐다면 직관적 의사결정이 우세할 가능성이 높다.

Q2 주어진 제시문을 충분히 읽고 선택하였는가, 더 많은 정보를 찾았는가?
합리적 결정과 판단을 위한 정보 수집과 분석보다 흥미와 재미에 대한 관심으로 선택에 대한 집중이 흐트러질 가능성이 높으며 직관적 성향이 우세할 가능성이 높다.

Q3 다른 친구의 선택 물품에 관심을 두었는가?
진로 의사결정 과정에서 의존적 성향이 나타나며 나의 생각보다는 다른 사람의 시선과 기대가 판단의 기준이 될 가능성이 높다.

2단계

활동 후 각 모둠별 생존 물품 선택에 대한 의견을 교환함으로서 같은 물품이라도 선택한 이유와 목적이 다르다는 것을 알게 된다. 이때 많은 학생이 자신의 생존 물품 선택 이유를 발표하도록 한다.

3단계

이 활동의 목적인 '정글에서의 생존'을 위한 물품 선택에 정답이 존재할 수 있는가라는 질문을 하는 것으로 활동의 목적에 다가가는 것이 바람직하다. 대부분의 학생은 정답이 없다고 하며 자신의 판단에 맡겨야 한다고 한다. 하지만 자신이 한 번도 아닌 열 번씩이나 같은 상황을 경험하게 된다면 열 번째 조난당했을 때는 지난 아홉 번의 조난 경험을 바탕으로 필요한 물건을 주저없이 선택할 수 있을 것이라는 설명에 모두 수긍하며 생존 물품 선택에 정답이 있을 수 있다는 가능성을 인식하게 된다.

■ **정보의 해석이 충분했는가?**

그림과 단편적 정보를 중심으로 정보를 찾은 학생은 직관성이 매우 강하며 활동의 목적보다 개인의 흥미에 집중하려는 경향을 보임을 알려준다. 즉, 생존 물품 선택의 중심에는 상상이나 개인의 선호가 아닌 주어진 정보를 해석하려는 합리성이 기초가 되어야 한다는 것을 알려주는 것이 적절하다.

<같은 정보 다른 해석>

50km	합리적 해석	며칠 정도면 걸을 수 있는 거리로 해석한 학생은 주야간 모든 시간을 이용하여 걷는 것에 중점을 두고 그에 상응하는 물품을 선택한다.
	비합리적 해석	매우 오래 걸릴 것으로 예상하며, 두꺼운 옷, 권총, 코펠 등 다양한 물건을 선택한다.

<같은 선택 다른 해석>

거울	합리적 해석	주간에 구조를 요청하는 데 반드시 필요한 물품으로 해석한다.
	비합리적 해석	거울을 이용하여 불을 피우겠다는 비과학적 해석으로 이 품목을 선택한 학생이 의외로 많다.

이 활동의 목적은 자신이 가장 적절하다고 판단한 것이 얼마나 비합리적이었는지를 경험하도록 하는 것이다. 그리고 비합리성의 바탕에는

정보 해석에서 발생한 오류가 있다는 사실을 알도록 하는 것이다. 활동 후 학생의 소감에서 이 활동의 목적이 무엇이었는가를 확인할 수 있다.

🔔 수업 후 학생의 변화

| 학생들의 반응

≫ 나의 진로 선택을 위해 충분히 고민했었는지 걱정이 된다.

≫ 내가 옳다고 생각한 것이 합리적 판단에 의한 것이 아닌 나의 흥미 위주로 선택되었을 가능성이 있다는 사실에 나의 진로 결정을 다시 고민해보아야 하겠다.

≫ 내가 진짜 좋아하는 것이 무엇인지 다시 생각해보아야 하겠고, 내가 한 선택에 대해 확신을 갖기 위해 선택과 결정보다 과정에 더 큰 노력을 했어야 한다는 것을 알게 되었다.

합리적 진로 의사결정을 확인한 수업 후 일부 학생은 자신의 결정과 선택에 대한 불안감이 새로 생기는 경험을 하게 되었다. 하지만 이 수업의 목적이 자신의 불완전성을 깨닫는 데 있으며, 진로 의사결정에서 보인 자신의 비합리성에 대한 자각은 이 수업의 가장 큰 효과라 할 수 있다. 그리고 학생은 진로 선택의 무게 중심을 선택과 결정이라는 도착점에 두는 것이 아니라 합리적 진로 의사결정을 위한 과정에 더 큰 관심을 갖기 시작한다.

또한 일련의 과정을 통해 알게 된 합리적 진로 의사결정은 진로 변경 단계에서 더 큰 역할을 할 수 있다는 것이다. 자신이 선택한 진로와 진로 설계 방향을 수정할 때 기존의 결정 과정에서 소홀히 했던 합리성을 확보해야 한다는 것을 학생 스스로 알게 되었으며, 그 과정은 자신에 대한 이해와 직업 정보에 대한 올바른 이해에서 출발해야 한다는 것을 깨닫는다. 그 결과 학생은 진로 변경이 학생 자신에게 진로 의식의 발달로 인식될 수 있는 긍정적인 계기가 될 수 있다고 생각한다.

※ 교육청에서 운영하는 진로상담 관련 사이트

서울진로진학정보센타 https://www.jinhak.or.kr/uat/uia/main.do
인천진로진학지원센터 http://www.ice.go.kr/main.do?s=jinhak
경기도진로진학지원센터 https://jinhak.goedu.kr/
강원진로진학지원센터 https://jinro.gwe.go.kr/
부산진로진학지원센터 https://dream.pen.go.kr/center/
대구진로진학지원센터 http://jinhak.dge.go.kr/main/main.php
울산진로진학지원센터 http://career.use.go.kr/main.do
경북진로진학지원센터 http://jinhak.gbe.kr/
경남진로진학지원센터 http://www.gne.go.kr/jinro/index.gne
광주진로진학지원센터 http://jinhak.gen.go.kr/
전북진로진학지원센터 http://jinro.jbe.go.kr/
전남진로진학지원센터 http://jdream.jne.go.kr/
제주진로진학지원센터 http://www.jje.go.kr/jinro/index.jje
대전진로진학지원센터 http://www.edurang.net/main.do?s=course
충북진로진학지원센터 http://jinro.cbesr.go.kr/main.php
충남진로진학지원센터 http://career.edus.or.kr/main.do?s=career
세종진로진학지원센터 http://career.sje.go.kr/

15

 꿈 · 끼 주간 – 한국사

김대현

오감 융합!
Doing History

💡 학교의 계록, 2차고사 이후…

아이들이 수업 시간에 영화를 보자고 한다. 선뜻 내키진 않지만 속으로 '그래, 까짓것! 영화 한 번 보지 뭐!' 이렇게 마음을 먹고 아이들에게 물어 본다. '뭐 보고 싶은데?' '주토피아'를 비롯해서 여러 영화 이름이 나온다. 심지어 19금인 '킹스맨'까지! 어쨌든 약간의 흥정 끝에 다음 시간에는 영화를 보기로 했다. 영화를 보는 시간에는 아이들도 교실에 일찍 자리 잡고 앉는다. 누구라 할 것 없이 TV와 컴퓨터를 켜고 영화 상영을 준비하는 데 협조적이다. 속으로 '기특한 것들……'이라고 생각하며, '수업 시간에도 이러면 얼마나 좋을까?'라는 생각을 해 본다. '어라?' 그런데 문제가 있다. 영화 시작한지 얼마 되지도 않았는데 벌써 절반은 엎드려 잔다. 나머지 절반 중에서도 영화를 보는 아이들은 그 절반 정도에 불과하고 다른 아이들은 다른 일을 하고 있다.

2차고사가 끝나고 방학할 때까지 약 2주간의 이 기간은 그야말로 교사에게 견디기 어려운 시간들이다. 수업을 하자니 아이들은 시험 종료와 동시에 더 이상 공부에는 관심이 없다. 교과서가 아닌 다른 그 어떤 것으로 관심을 끌어보려고 해도 먹히질 않는다. 그래서 나름대로 교과 관련 영화를 상영하거나 마지못해 '독서'라는 핑계로 자습을 시키지만 학교의 교장, 교감 선생님께서는 당신들도 다 아시면서 마지막까지 수업에 충실하라고 교사를 다그친다. 그야말로 교사는 죽을 지경이다.

어떻게 하면 이 문제를 해결할 수 있을까? 대안이 전혀 없는 것은 아니다. 대학처럼 시험 종료와 함께 방학을 하면 된다. 하지만 이것은 고등학교에서는 꿈도 꾸기 어려운 일이다. 우선 성적을 확인하는 시간이 필요하다. 시험도 중요하지만 성적을 확인하는 것 또한 그에 못지않게 중요한 일이 된 것이 요즘 고등학교이기 때문이다. 그리고 학기별 수업 일수를 맞추어야 하고 방학 중 실시하는 방과 후 수업도 고려해야 하기 때문에 고사 종료와 함께 방학을 한다는 것은 불가능한 일이다. 그렇다면 결국 학사 일정을 새롭게 조정할 수밖에 없다. 그리고 새로운 학사 일정에 따라 교육과정도 새롭게 구성해야 한다.

이러한 고민의 과정을 통해 탄생한 것이 우리 학교의 '꿈 · 끼 주간'이다. 2차고사가 끝난 후부터 방학식날까지 2주 중에 한 주는 성적을 확인하고 나머지 한 주는 교과 창체 활동을 중심으로 운영하는데, 이 주간을 '꿈 · 끼 주간'이라 부른다. 이 주간에는 각 교과별로 발표회, 경진대회 등 학생들이 한 학기 동안 각 교과를 통해 체험할 수 있는 다양한 활동을 집중적으로 진행한다. 242쪽의 표는 2017년도 1학기 우리 학교의 꿈 · 끼 주간 운영 계획표이다.

각 교과는 이 기간 동안 수업 시간을 활용하여 학년 단위, 학급 단위 또는 선택과목 수강생을 대상으로 다양한 활동을 전개한다. 이 표에 의하면 음악과의 경우 1학년을 대상으로 '행복한 학교 아름다운 하모니'

라는 이름의 반별 합창대회를 한다. 사회과에서는 2학년 법과 정치, 세계지리 등의 선택과목 수강생을 대상으로 시사 이슈 공개토론대회를 연다. 한편 표에서 빈 칸으로 되어 있는 부분은 해당 학급의 해당 교과 수업을 정상적으로 진행하는 것이다. 이 시간에 사회과의 한국사, 세계사, 과제연구 과목은 각각 탁본 실습, 스테인드글라스 제작, 과제연구발표회 등을 개최한다. 실제로 이렇게 진행해 본 결과 이전과는 달리 확실히 아이들의 수업 참여도가 높아졌고, 교사의 심적 부담도 줄어들었다.

일시 교시	7월17일(월)		7월18일(화)		7월19일(수)		7월20일(목)		7월21일(금)	
	1학년	2학년	1학년	2학년	1학년	2학년	1학년	2학년	1학년	2학년
1교시		과제 연구 발표회					음악과 반별 합창 대회		국어과 창의독서 활동 발표대회	
2교시										
3교시										
4교시	수학과 수업 활동 발표, 동아리 부스 운영, 특강			영어 수업 활동 발표회		사회과 시사 이슈 공개 토론 대회	영어 수업 활동 발표회			
5교시										
6교시					진로 계열 선택 안내		교직원 연수		과학과 부스 경진대회	
7교시										
상설 전시	미술 수행평가 작품 전시(1층 갤러리)									
	국어과 수업 산출물 전시(복도)									
수업 시간	한국사 탁본 실습(1학년), 세계사 스테인드글라스 제작(2학년), 과제연구발표회(2학년)									

! Doing History!

사실 꿈·끼 주간을 운영할 때 가장 중요한 것은 '무엇으로 수업 시간을 채울 것인가'이다. 그리고 그 내용은 교사가 중심이 되어 주도하는 것이 아니라 학생이 중심이 되어 참여하고 활동하는 것이어야 한다. 이때 문득 떠오른 말이 바로 'Doing History'였다. '역사하기'라는 말로 번역할 수 있는 이 용어는 한때 역사 교육계의 주요 주제였다. 암기식 공부가 중심이었던 역사 수업 현장에서 아이들의 활동을 중심으로 수업을 하자는 취지로 제시된 'Doing History'는 그동안 역사 글쓰기, 독서 토론 수업, 사료 학습, 극화 수업 등의 형태로 수업 현장에 적용되었다. 그러나 'Doing History'라는 용어가 주는 신선함에 많은 교사의 관심과 연구, 그리고 노력이 있었지만 그 결과물은 그리 참신하지 않았다. 아니 참신하지 않았다기보다는 참신함을 유지하지 못했다.

그렇다면 왜 그 참신함을 유지하지 못했을까? 우선 수업 준비의 어려움을 들 수 있다. 활동 중심의 수업을 준비하기 위해서는 그만큼 많은 시간이 필요하다. 그래서 다른 선생님의 수업을 공유하려고 했지만 그것도 여의치 못했다. 왜냐하면 학교마다, 교실마다 또 교사마다 처한 현실이 다르기 때문이다. 그리고 진도가 뒤처지는 문제 또한 하나의 장애물이 되었다.

두 번째로는 변화는 빠르고 적용은 느리다는 점이다. 세상이 변하는 만큼 아이들도 빠르게 변화한다. 요즘 아이들은 텍스트보다는 영상에 더 익숙하다. 자료의 검색도 YouTube의 비중이 점점 커지고 있다. 이런 아이들에게 필요한 수업 방식은 어떠해야 하는지 고민해야 한다.

세 번째로는 기존의 'Doing History'가 'History'가 아닌 'Doing'에 초점이 맞추어져 있기 때문이다. 글쓰기, 극화 수업, 토론 수업 등은 사실 '역사'의 특성을 반영하는 수업 방식은 아니다. 그래서 역사 수업에 대한 학생의 흥미와 집중도가 떨어지고 유지되기 어려웠다.

그렇다면 어떻게 해야 할까? 일기도 쓰지 않는 아이들에게 어떻게 텍스트를 접하게 할 수 있을까? 시험이 끝나면 공부와 담을 쌓는 아이들에게 어떻게 독서 토론을 제시할까? 어떤 활동을 통해 아이들이 역사에 관심과 흥미를 가질 수 있게 할까? 고민에 대한 답은 결국 '하기(Doing)'보다는 '역사(History)'에 초점을 두어야 한다는 것이었다. 일반적인 활동을 하는 것이 아니라 역사 과목의 성격에 부합하는 활동을 찾는 것이었다. 그렇다면 아이들도 역사에 관심을 갖고 흥미를 느낄 것이라는 생각을 하게 되었다. 그 결과 한국사와 세계사 과목 등에 활용할 수 있는 활동을 다음과 같이 정리할 수 있었다.

- 탁본 뜨기
- 타임캡슐 만들기
- 학급 실록 만들기
- 대동여지도 만들기
- 스테인드글라스 만들기
- 고대 유물 체험전

이 중에는 지난 해(2016) 꿈 · 끼 주간을 통해 적용한 것도 있고, 올해 적용하고 있는 것과 내년부터 새롭게 적용할 예정에 있는 활동도 있다. 이제 이 활동들을 수업 현장에서 어떻게 해 왔고, 또 어떻게 할 것인지 살펴보겠다.

■ 탁본 뜨기

크게 보자면 탁본 뜨기는 사료 수업의 일환이다. 사료란, 역사 연구에 사용하는 자료를 말한다. 보통 당대에 만들어진 1차 사료와 1차 사료에 대한 설명이나 견해 등이 담긴 2차 사료로 구분할 수 있다. 탁본은 종이와 먹을 이용하여 대개 1차 사료에 해당하는 유물에서 가독성 있는 문자 자료를 읽어 내거나, 시대상을 파악할 수 있는 그림 자료를 확보하는 것이다. 기존의 사료 학습은 주로 문헌 사료가 중심이었고, 또 이미 해석되어 있는 사료를 이용하는 것인 반면에 탁본 뜨기는 1차 사료를 실제로 읽고 해독할 수 있는 사료로 얻어내는 활동에 중점을 둔 것으로 사료를 이해하는 데 중요한 활동 중의 하나이다. 그래서 이것은 아이들에게 역사 연구의 기초가 되는 사료를 어떻게 얻을 수 있는지 경험할 수 있는 활동이 될 수 있다. 뿐만 아니라 탁본은 예술적 가치도 가지고 있어 활동 이후 결과물을 전시하는 과정에서 새로운 2015 개정 교육과정에서 강조하고 있는 6가지 핵심역량 중 지식정보처리 역량, 심미적 감성 역량을 키울 수 있다는 기회를 제공한다.

<비석 만들기>

실제 역사적 가치가 있는 유물을 대상으로 수업 시간에 탁본을 하기란 쉬운 일이 아니다. 그래서 탁본을 하기 위해서는 유물과 같은 비석을 실제로 만들어야 한다. 그렇다면 어떤 것으로 비석을 제작할 것인지 정해야 한다. 우선 학교 수업을 통해 만날 수 있는 금석문은 매우 많다. 그 중에서 대표적인 것으로는 선사 시대의 반구대 바위그림, 고구려의 광개토 대왕릉비, 그리고 조선 시대에는 백두산정계비를 비롯하여 탕

평비, 척화비 등 다양한 자료가 있다. 이 중 광개토 대왕릉비와 백두산 정계비를 골라 앞뒤 양면으로 새기기로 하였다. 광개토 대왕릉비는 시작 부분의 12자를 원석 탁본에서 추출하여 만들었는데, 역사적으로 의미가 클 뿐 아니라 글자체 또한 아름다워서 심미적 효과도 크기 때문이다. 그리고 백두산정계비는 우리 영토에 대한 역사적 이해의 필요성이 큰 자료이기 때문에 선택하였다.

<수업하기>

탁본 실습 수업은 총 2차시로 구성된다.

차시	수업 전개		
	주제	내용	비고
1차시	사료 이해 탁본 이해 간단 실습 정리	• 수업 준비 및 안내 • 1차 사료와 2차 사료, 사료 비판 (내적, 외적) • 탁본의 종류(건탁, 습탁), 동전 탁본 실습 • 개인별 탁본 실습(탁본 키트 활용) • 정리	강의식(5분) 강의식(10분) 강의식, 실습(10분) 실습(20분) 정리(5분)
2차시	탁본 방법 탁본 실습	• 전시학습 확인 • 탁본 방법과 과정 설명 및 시범 실습 • 과정에 따른 탁본 실습 • 탁본 해석 및 내용 설명 • 정리	강의식(5분) 강의 및 동영상(10분) 실습(20분) 해석(10분) 정리(5분)

사료에 대한 이해와 더불어 탁본에 대한 맛보기 수업으로 구성한다. 이때 아이들에게 먼저 동전을 준비하게 한 후 나누어준 한지에 연필로 새겨 보는 실습을 한다. 이를 통해 탁본은 어렵고 복잡한 것이 아니라 우리 주위에서 흔하고 쉽게 할 수 있는 것이라는 점과 사료는 이렇게 쉽게 얻을 수 있다는 것을 아이들이 알게 하는 것이 중요하다. 동전 탁본 실습을 한 후 탁본 키트를 활용하여 실습을 한다. 이 키트는 성덕대왕신종 비천상 무늬, 산수무늬 벽돌, 삼국 시대 기와 등의 무늬를 석고로 만든 것이다. 양각으로 만들어졌기 때문에 음각인 비석 탁본과는 그 느낌이 사뭇 다르지만 그래도 탁본의 절차를 익히는 데에는 큰 무리가 없다.

지난 시간에 했던 것을 잠시 상기시킨 후 먼저 탁본 과정에 대한 동영상을 시청한다. 동영상은 국립문화재연구소에서 운영하는 '한국금석문종합영상정보시스템(http://gsm.nricp.go.kr/)'에서 제공하는 동영상을 참고하였다(금석문 체험 > 금석문 제작 방법 > 탁본 과정). 화질은 선명하지 않지만 전문가가 진행하는 탁본 과정을 꼼꼼히 확인할 수 있는 동영상이다. 이후 단계에 따라 교사가 먼저 시범을 보인 후 아이들의 실습이 이어진다. 이때 모둠별로 앞뒷면을 동시에 실시하고, 단계별로 아이들이 돌아가면서 해 볼 수 있도록 한다. 탁본에 사용할 먹물과 먹방망이는 미리 준비해 두고, 아이들은 다음 순서에 따라 탁본 실습을 한다.

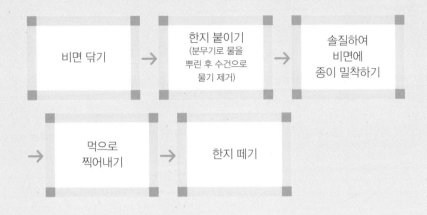

처음에 시큰둥하던 아이들도 먹으로 비면을 찍어낼 때 하얀 종이에 글씨가 새겨지는 모습을 보면 '와~!'하는 탄성을 지르며 관심을 갖고 탁본에 참여하게 된다. 떼어낸 한지를 교실 뒤에 반별로 붙여 말리면서 전시까지 겸하여 한다. 먹과 솔, 분무기 등 주변의 탁본 도구를 정리한 후에는 비문을 읽고 해석하는 시간을 갖는다. 아이들에게 한자를 가르치는 것이 목적이 아니기 때문에 교사를 따라 원문을 읽어본 후 해석과 설명을 곁들이면서 수업을 정리한다.

광개토 대왕릉비에서는 고구려 시조의 이름이 '주몽'이 아니라 '추모'라는 것, '북부여'에서 나왔다는 것을 중심으로 설명하고, 백두산정계비에서는 '東爲土門 西爲鴨綠'의 문구를 중심으로 설명한다. 교과교실에 덩그러니 놓여있는 비석도 실습 이후엔 아이들이 관심을 갖고 쳐다보고 만져보게 된다. 이런 모습만으로도 사료가 아이들에게 좀 더 가까이 다가갔다는 느낌을 갖게 된다.

▲ 탁본 실습용 비석과 용품함　　　　　▲ 광개토 대왕릉비(모조) 탁본

■ 대동여지도 만들기

　대동여지도만큼 아이들이 어렸을 때부터 많이 들어 본 문화유산도 드물 것이다. 그러나 익숙한 그 이름에 비해 대동여지도의 실체를 정확하게 아는 아이들은 드물다. 그래서 대동여지도의 가치를 제대로 이해하는 기회를 갖기 위해 대동여지도를 실물 크기로 제작하는 수업 활동을 전개했다.

　대동여지도는 19세기 중반 고산자 김정호가 만든 지도이다. 보통 한 장의 큰 지도로 알고 있지만 사실은 그렇지 않다. 대동여지도는 우리나라의 남북을 120리 간격으로 하여 22층으로 구분하고, 동서는 80리 간격으로 하여 19판으로 구분해 만든 분첩절첩식 목판 지도이다. 동서 방향의 지그재그로 연결시킨 각 판을 모두 펼쳐 22층을 남북으로 연결하면 우리나라 전도가 된다. 목판 하나의 크기가 A4 용지와 비슷하기 때문에 이것을 모두 펼쳐 놓으면 가로 약 4m, 세로 약 6.6m에 이르는 거대한 크기의 지도가 된다. 세로 길이는 광개토 대왕릉비의 높이보다 약간 더 길다. 그리고 지도표에 관찰사가 있는 영아(營衙), 각 부·군·현의 읍치, 역참, 봉수, 능침 등이 표시되어 있으며, 도로의 거리도 직선으로 표시되어 있어 대동여지도에 대해 알면 알수록 그 정확도와 과학적인 모습에 감탄하게 된다.

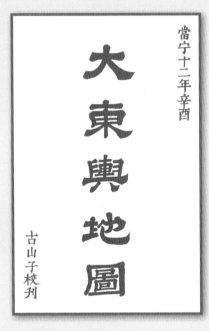

▲ 대동여지도 표지   ▲ 삼척 정선 일대

<대동여지도 만들기 준비>

- 광우당 간행 대동여지도: 각 판별로 인쇄가 가능하게 편집되어 있다.
- 우드락: 목판의 성격 살리기 위해 사용했다. 인쇄한 지도 크기에 맞춰 자른 후 지도를 붙인다.
- 각종 문구류: 칼, 자, 투명 테이프, 풀, 고무판 등
- 드론: 지도 제작 후 드론을 이용해 공중 촬영

<수업하기>

단원	한국사: Ⅲ-5. 실학의 대두 사 회: Ⅳ-1. 과학기술의 발달과 정보화		
차시	수업 전개		
	주제	내용	비고
1차시 & 2차시	지도 이해	• 활동 소개 • 대동여지도 소개 －역사적 의미　 －지도학적 가치	강의식(5분) 강의식(25분)
	지도 제작	• 대동여지도 제작 －학급별 2~3개의 첩을 제작한 후 　전체 연결	활동(70분)
3차시	드론 촬영	• 학급별 드론 촬영 후 교실 상영 • 정리	활동(40분) 정리(10분)

이 수업은 2016년도 2학기 꿈·끼 주간에 시행했으며, 총 3차시로 계획되었다. 특히 1학년 한국사와 사회의 융합으로 구성했다. 즉, 한국사의 조선 후기 문화에서 다루는 실학의 내용 중 국학에 나오는 대동여지도와 1학년 사회의 '과학기술의 발달과 정보화' 단원에서 최근 크게 확대되고 있는 드론의 활용 사례를 융합한 수업이다. 이 활동을 위해 사전에 다음과 같은 준비가 필요하다.

- 대동여지도 인쇄 및 첩 번호 기록: 대동여지도를 인쇄한 후 뒷면에 몇 번째 첩, 몇 번째 열인지를 숫자로 기록한다.
- 우드락 표준 사이즈 제공: 아이들은 지도의 첩수만큼 우드락을 잘라야 한다. 2첩을 맡은 반은 40개, 3첩을 맡은 반은 60개의 첩이 필요하다. 이때

치수만 알려주고 자르라고 하면 우드락의 두께 때문에 정확하게 자르기가 어렵다. 교사가 사전에 표준 사이즈대로 우드락을 잘라 학급에 제공한다. 학급에서는 그 사이즈에 따라 자르면 오차가 거의 없이 자를 수 있고, 이 우드락에 지도를 부착하면 반듯한 지도를 만들 수 있다. 물론 아무리 이렇게 해도 비뚤어지는 판이 나오기 마련이다.

- 드론: 드론은 배터리 하나로 운행할 수 있는 시간이 그리 길지 않으므로 예비 배터리를 충전하여 충분히 운용할 수 있도록 한다.

무엇보다 지도를 제작하는 동안 교사는 아이들이 칼 등과 같은 도구에 다치지 않도록 주의를 주어야 한다. 그리고 분철절첩식의 개념을 잘 이해하여 만들 수 있도록 사전 강의 후 작업을 시작하기 전에 먼저 각 반의 한국사, 사회 부장을 불러 개념을 설명하고 아이들에게 자세히 전달하여 함께 만들 수 있도록 독려한다.

지도를 다 만든 후에는 각 반별로 만든 지도첩을 체육관으로 가져와 번호 순서에 따라 배열을 하고 첩을 펼쳐서 대동여지도가 완성되게 한다. 이 수업은 생각보다 시간이 많이 소요되고 아이들도 힘들어한다. 그리고 지도를 다 펼쳐 놓아도 바닥에서 보면 지도가 잘 보이지 않아 아이들은 지도가 크다는 것 외에 별다른 느낌을 받지 못한다. 그러나 무엇보다 만드는 과정에서 대동여지도가 어떻게 구성되어 있는지를 이해하게 되고, 다 펼친 후 곧바로 드론을 띄워서 지도와 아이들을 촬영한 후 교실에서 영상으로 보여 주면 아이들은 그제야 비로소 자신들이 무엇을 했는지 알게 되면서 크게 감동한다.

최근에는 진선출판사에서 '한글 대동여지도'라는 책이 출판되었다.

이 책을 활용하면 실물 크기보다는 작지만(65%) 좀 더 손쉽게 활동을 할 수 있을 것이다.

▲ 대동여지도 실물 크기 제작 모습

▲ 대동여지도 완성 후 반별 촬영(드론 활용)

■ 타임캡슐 만들기

타임캡슐은 역사의 성격을 가장 잘 드러내는 학습 활동이다. 역사는 시간의 흐름에 따른 인간의 활동을 기록한 것이기 때문에 타임캡슐을 만들어 보는 것은 시간에 따라 변화하는 자신을 돌아보고 역사에 대한 개념을 이해하는 계기가 된다. 이 활동은 2017년 1학기부터 실시했고, 2018년에도 1학년을 대상으로 실시하고 있다.

매해 수업의 첫 시간은 서먹서먹하기 마련이다. 같은 교실 안에 있지만 서로 다른 중학교에서 모인 아이들에게는 아직 서로 낯선 시간들이다. 한편으로는 청운의 꿈(?)을 품고 진학한 고등학교에서 새롭게 만나고 배우게 될 교사와 교과에 대한 관심과 궁금증도 많은 때이다. 교사는 대개 이 시간에 교과와 수업에 대한 안내를 하고, 자기소개 활동을 통해 아이들을 이해하는 시간으로 활용하는 경우가 많다. 이 시간에 하나 더하여 타임캡슐 만들기 활동을 한다.

▲ 2017 타임캡슐

▲ 2018 타임캡슐

타임캡슐이란 당대의 시대 상황을 후대에 알리기 위하여 그 시대를 대표하는 기록, 사진, 물건 등 각종 물품을 별도 제작된 특수 용기에 담아 땅에 묻는 것을 의미한다. 일정한 시간이 흐른 후 이것을 꺼내어 보면 과거의 상황을 좀 더 생생하게 이해할 수 있는 기회가 된다. 고등학교에 갓 입학한 아이들은 나름대로 복잡한 마음을 갖고 교실에 앉아 있다. 이 아이들에게 '1년 후의 나에게 쓰는 편지'라는 제목의 글을 쓰게 한다. 지금 자신의 모습이 어떤지, 무슨 생각을 하고 있는지, 고등학교 1년을 보낸 후 나는 어떤 모습으로 변해 있을지 상상하며 적게 한다. 그리고 이것을 타임캡슐에 넣고 자기 이름을 쓴 스티커로 밀봉한다. 아이들의 타임캡슐은 학급별 유리병에 넣은 후 교과교실에 진열하여 아이들이 늘 볼 수 있게 하였다. 그리고 2학기 2차 고사 끝난 후 개봉한다. 이때 이것을 읽어보고 감상문을 쓰게 한 후 잘 쓴 아이는 시상도 곁들였다.

처음에 이 활동을 계획할 때에는 단순히 시간의 흐름에 따라 변하는 인간의 모습을 이해하자는 차원에서 시작했었다. 그러나 막상 타임캡슐을 열고 감상문을 쓰는 시간에 되자 상상하지 못했던 일들이 일어났다. 감수성 예민한 아이들은 '1년 후의 나에게 쓰는 편지'를 약 1년이 지나서 읽으면서 크게 울기도 했고, 대부분의 아이들은 이 활동에 큰 감동을 받았다. 나름대로 한 해를 반성하고 새로운 학년을 준비하는 계기로 삼게 되었다는 평가를 하였다.

■ 기타 활동들

올해(2017년)에는 2학년 세계사 시간에 스테인드글라스 만들기를 했다. 세계사 담당 선생님과 학년 초에 교과 협의회를 하면서 먼저 스테인드글라스 만들기를 제안했다. 그리고 1학기에 이 활동을 하는 것이 더 적절하다고 생각해 교

▲ 스테인드글라스

육과정을 재구성하여 1학기는 서양사, 2학기는 동양사를 중심으로 공부하도록 했다. 서양사 시간에 배우는 스테인드글라스를 셀로판지 등을 이용해 만들고 교과교실 유리창에 부착하여 실제로 스테인드글라스의 분위기를 느껴볼 수 있도록 했다. 사실 정교한 손작업이 필요한 활동이기 때문에 시간도 많이 걸리고 아이들이 힘들어하는 부분도 있었다. 그러나 아이들이 자신이 만든 스테인드글라스가 유리창에 붙은 것을 보고 자랑하는 모습을 볼 때면 그동안의 고생쯤은 그리 중요하지 않았다.

이제 내년에는 무슨 활동을 할 것인가가 새로운 고민으로 떠올랐다. 사실 2016년 처음 꿈·끼 주간을 준비하면서부터 생각하고 있던 것이 있다. 바로 '학급 실록 만들기'이다. "조선왕조실록"은 세계 역사에서도 유례를 찾기 어려운 기록 문화유산으로, 그 가치를 인정받아 유네스코에 등재되어 있다. 이것을 소재로 한 책들도 여러 종이 나와 시중에서도 크게 인기를 끌고 있다. 그래서 아이들이 실록의 편찬 과정을 경험할 수 있는 활동을 구상하고 있다. 우선 학급별로 사관을 두되 그 역할을 돌아가면서 맡도록 한다. 그리고 사관을 맡은 학생은 매일매일 학급에서 일어나는 일 중 수업, 활동, 교우, 교사 등 영역을 나누어 기록할 만한 것을 사초에 기록한다. 사초는 일반 노트를 사용한다. 2학기 2차고사가 끝나면 학급마다 실록청을 구성하여 실록을 만들 팀을 구성하고, 또 실록을 전통 책으로 만드는 제작팀을 구성한다. 이후 실록이 완성되면 학급별로 전시회를 개최하려는 계획을 어렴풋이 가지고 있다.

🛈 고교 학점제의 실시가 가져올 변화를 기대하다

이외에도 구상하고 있는 활동으로는 고대 유물 체험전이 있다. 그런데 고대 유물 체험전은 아직 많은 준비가 필요한 활동이다. 아마 고교 학점제가 본격적으로 실시된다면 제대로 적용할 수 있지 않을까 생각한다. 고교 학점제가 실시된다면 교육과정 재구성을 통해 한국사 6단위 중 1~2단위는 답사 활동으로 구성할 것이다. 우선은 기존의 유적지와 박물관을 중심으로 답사하며 문화재와 유적, 유물을 체험하는 답사 활동을 할 예정이다. 그리고 여건이 허락된다면 발굴 현장이나 발굴이 완료된 유적의 주변 지역을 답사하고자 한다. 그곳에서 관계 기관 및 전문가의 협조를 통해 출토되는 기와 조각, 토기 조각 등을 수집하여 학교에 작은 전시관을 준비해 보고자 한다. 시기별, 학급별 수집한 유적과 유물에 설명을 붙이고 전시한다면 아이들이 문화재에 대해 체감하는 정도의 차이가 크리라 생각한다.

이제 교육계는 고교 학점제라는 커다란 변화를 앞두고 있다. 아직은 그 모습이 어떠할지 잘 알 수 없지만 본격적인 시행을 대비하여 끊임없이 고민하고 새로운 활동 모델을 만들어 내지 않으면 생기 넘치는 학교를 기대하기는 어려울 것이다. 딱딱한 역사라 할지라도 아이들의 오감을 자극하는 'Doing History'가 되기 위해 노력한다면 더욱 생동감 있는 역사 교육이 이루어질 수 있으리라 생각한다.

16

 과학

양승원, 김하진

4차 산업 혁명을
대하는
우리의 자세!

3D 프린터를 활용한 방과 후 교육에서 창업 동아리까지

| 3D 프린터를 활용한 수업을 시작한 동기

작년 3학년 담임을 맡았을 때 물리를 좋아해 서울 모 대학의 응용물리학과에 지원한 아이가 면접을 보고 온 일이 있었다. 나는 면접이 어땠는지 물어보았고, 아이는 면접관이 의외로 방과 후 수업에서 들었던 '아두이노 활용 수업'에 커다란 관심이 있었다고 얘기해 주었다. 고등학교에서 아두이노와 관련한 방과 후 수업이 개설되고 운영되는 것에 대해 대학에서 커다란 관심을 갖고 있다는 것을 알게 되었다.

해가 바뀌어 과학교육부장을 맡으면서 이 업무를 잘할 수 있을지 걱정과 고민을 했다. '우리 학교만의 특색 있는 교육 활동은 없을까?', '4차 산업 혁명의 미래 사회를 살아갈 우리 아이들에게 실제 도움이 될 수 있는 교육 활동은 어떤 것일까?' 이런 고민을 하던 중 작년 우리 반 아이의 일이 떠올랐다. 그리고 학기가 시작하기 전 방학 중에 과학실을 정리하면서 한 쪽에 세워져 있는 3D 프린터기 한 대를 발견하게 되었다. 그동안 3학년 수업을 하느라 크게 관심을 갖지 않았던 나의 눈에 들어 온 3D 프린터는 사막에서 오아시스를 만난 것과 같았다. 비록 아주 최신 프린터는 아니었지만, 그리고 나 자신이 이 장비에 대해서 잘 알지 못했지만 분명 아이들에게도 매력적인 수업을 할 수 있으리라는 생각을 했다.

▲ 우리 학교의 3D 프린터

■ 3D 프린터를 활용한 방과 후 수업의 개설 및 운영
<3D 모델링과 3D 프린터를 활용한 출력>

(수업 준비) 방과 후 수업을 용감하게 개설했다. 모든 것이 낯선 상황에서 걱정 반 기대 반의 도전이었지만 아이들의 반응은 예상보다 뜨거웠다. 그래서 나는 용기를 낼 수 있었다.

(문제 1) 가장 먼저 해결해야 하는 건 3D 모델링 프로그램이었다.
(해결 방법) 알아본 결과 일반적으로 많이 사용하는 프로그램을 컴퓨터에 설치할 때 드는 비용이 한 대당 10만 원 정도였다. 그럼 21명의 아

이들에게 이 프로그램을 깔기 위해서는 210만 원의 비용이 든다는 결론이 나오는데, 이것은 배보다 배꼽이 더 큰 격이었다. 그래서 인터넷을 통해 좀 더 자료를 찾던 중 123D란 보급형 무료 3D 모델링 프로그램을 발견했다. 123D 모델링 프로그램은 일반적으로 사용하는 고가의 프로그램보다 기능은 단순하지만 오히려 고등학교 학생들이 배우기 더 쉽고 접근성이 좋았다. 게다가 무료이니 처음 3D 모델링을 배우기에는 안성맞춤이었다. 아이들에게 바로 공지를 통해 각자의 노트북에 이 프로그램을 설치하고 수업에 참가하도록 안내하였다.

문제 2 가장 중요한 것은 교사인 나부터가 이 프로그램을 익혀야 한다는 것이었다.

해결 방법 나는 123D 프로그램에 대한 인터넷 강의를 찾아 공부하기 시작했다. 처음엔 워낙 생소한 분야이기 때문에 어렵고 따라하기도 쉽지 않았지만 반복해서 모델링 연습을 하다보니 어느 정도 자신감이 생겼다. 이런 강좌를 두 가지 들으면서 차츰 교사로서 내공을 쌓아 나갔다. 그리고 이렇게 배운 것을 바탕으로 모형을 모델링하여 직접 출력해 보기로 했다.

문제 3 이때 등장한 또 하나의 문제는 3D 프린터의 출력에 대해 백지 상태에서 시작해야 한다는 것이었다. 당시 이 프린터를 구입하고 운영하시던 선생님께서는 육아 휴직 중이었기 때문에 그 어려움이 더 컸다.

해결 방법 우선은 3D 프린터의 사용 설명서를 꼼꼼히 읽으면서 다시 공부를 시작했다. 처음엔 '과연 이 3D 프린터가 제대로 작동을 할까?'라는 의구심이 들기도 했지만 처음부터 성공적으로 작품을 출력할 수 있게 되었다. 정말 신기한 일이었고, 새로운 분야를 개척했다는 보람이 느껴지던 순간이었다. 그리고 이제 수업을 진행할 모든 준비가 되었다는 안도감이 생겼다.

수업 진행 일반적으로 과학 지식을 설명하고 문제를 풀며 확인하는 과정의 방과 후 수업과 달리 3D 프린팅에 관한 방과 후 수업에 아이들이 얼마나 큰 집중도를 보일지 처음에는 기대 반 우려 반이었다. 하지만 수업을 진행할수록 아이들은 기대 이상의 반응을 보여 주었다. 일단 아이들은 굉장히 습득 속도가 빨랐다. 한 시간 동안 내가 기대했던 것보다 많은 내용을 진행할 수 있었다. 그리고 이론 중심 수업에서 아이들이 보여줬던 지루하고 졸린 표정을 볼 수 없었고 즐겁게 결과물을 만들어 냈다.

123D 프로그램의 기본적인 툴의 사용 방법에 대한 설명이 끝나고 아이들과 함께 여러 가지 모형들을 모델링했다. 핸드폰 케이스, 우체통, 게임스틱, 배, 항아리 등의 간단한 모델링부터 시작했다. 아이들이 어느 정도 모델링 실력이 생긴 후 3D 프린터를 이용해서 직접 자신이 모델링한 결과물을 출력하게 했다. 출력하는 도중 노즐에서 원료가 분사되지 않고 헛도는 문제가 발생했지만 A/S기사를 통해 노즐을 분해하고 청소하는 방법을 배우면서 문제를 해결해 나갔다. 아이들의 만족도는 매우 높았고, 성취감 또한 매우 컸다. 이제 우리는 여기서 멈추지 않고 그 다음을 생각하기 시작했다.

| 3D 프린터를 활용한 창업 동아리 조직

'창업 동아리 조직' 이것은 수업을 수업에만 머무르게 하지 않고 수업을 통해 자신이 얻게 된 지식을 나누고 심화시키는 길이었다. 특히 창업 동아리의 목적을 돈을 버는 것에 두지 않고 수익을 이웃돕기 활동에 기부한다는 목표를 세웠다. 4차 산업 혁명의 시대를 살아갈 아이들에게 단순히 기술을 가르치고 창업을 하여 돈을 버는 것을 넘어서서 자신의 기술을 이용해서 서로 협업하고 봉사하는 경험을 하는 것이 더 의미 있다고 생각했기 때문이었다.

창업 동아리의 운영을 위한 기본 내용은 다음과 같다. 일단 아이들이 3D 프린터를 이용해서 출력을 진행하고 결과물을 교내 아이들에게 판매해서 거둔 수입금을 전액 기부하는 형태이다. 이것을 조직하고 운영하는 과정에서 아이들의 반응 또한 매우 적극적이었다. 먼저 동아리 대표를 뽑고 단톡방을 통해 각자의 의견을 조율할 수 있게 하였다. 그러자 제작팀, 판매팀, 홍보팀, 채색팀 등의 조직이 구성되었다. 홍보와 주문은 주로 아이들이 쉽게 사용하는 SNS를 통해서 이루어졌다.

▲ SNS상에서 상품을 주문하는 모습

사실 아이들이 만든 결과물이 그렇게 완성도가 상품으로 판매할 만큼 높지는 않았다. 시중에 나와 있는 것들과 비교했을 때 거칠고 조잡한 면이 있었기에 '과연 주문과 판매가 이루어질까?'란 의문이 들었다. 하지만 예상외로 많은 주문이 들어왔다. 친구들이 만든, 그것도 3D 프린터로 제작했다는 점이 아이들에게 큰 반향을 일으킨 것 같았다. 여러 제품 중에서 아이들의 반응이 가장 좋았던 것은 핸드폰 케이스였다.

▲ 학생들이 직접 상품을 제작하고 채색하는 모습

▲ 학생들이 주문한 핸드폰 케이스를 받고 좋아하는 모습

홍보팀 아이들이 홍보를 하고 판매팀에서 주문을 받으면 제작팀원들은 일단 그 기종에 맞는 핸드폰 케이스의 모델링 작업을 한 후 3D 프린터로 출력했다. 그리고 채색팀은 여기에 주문에 따라 채색을 했다. 핸드폰 케이스 외에도 여자아이들이 좋아하는 만화 캐릭터를 만들어 판매하기도 했다. 공부하기에도 바쁜 아이들이 시간을 쪼개 제품을 만들고 예쁘게 포장까지 해서 판매하는 것을 보면서 교사로서 '이것 때문에 아이들의 성적이 떨어지는 게 아닐까?'라는 걱정을 하기도 했다. 하지만 이 활동은 '성적 걱정'을 초월하는 매력이 있었다. 아이들은 열정적이었고, 자신의 능력으로 남을 도울 수 있다는 사실에 보람을 느꼈다.

| 방과 후 수업을 통해 갖게 된 생각들

방과 후 수업으로 '3D 프린터 활용 수업'을 만들고 진행하는 과정은 교사로서도 모험이고 도전이었다. 하지만 이 과정을 통해 여러 가지 생각을 할 수 있었다.

첫째, 이제 방과 후 수업도 문제풀이 중심의 이론적인 수업을 벗어날 필요가 있다는 것이다. 우리가 생각하는 것과 달리 아이들은 성적보다 자신이 흥미 있는 일에 가치를 두는 경우가 많았기 때문이다. 문제를 잘 풀어 1, 2점 더 맞는 것보다 자신의 재능과 흥미를 위해 투자하는 경험이 더 의미 있는 일이 될 수가 있는 것이다.

둘째, 수업을 준비하면서 교사가 모든 것을 이끌어가는 것보다 아이들의 활동에 가능성을 열어 두었을 때 더 흥미로운 수업이 진행된다는 것이다. 우려했던 것보다 가능성을 열어 두면 아이들은 더 뛰어나고 열정적인 모습을 보여 주었다.

학생들의 창업 동아리 활동을 앞으로 더 확장할 계획을 가지고 있다. 다음 학기에는 교내 대회로 3D 프린터 경진대회를 준비하여 진행할 것이다. 또 개인이 만든 3D 모델링 결과물을 가지고 시상도 할 계획이다.

이 수업을 계기로 교내의 많은 R&E 활동에 3D 프린터를 적극적으로 활용하고 있다. 작은 시작이었지만 3D 프린터라는 교육 내용이 여러 가지 형태로 변화하여 활용되는 모습을 보면서 앞으로의 많은 가능성을 생각하게 된다.

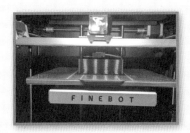 

▲ 학생들이 3D 프린터를 활용해서 제작한 과제연구 결과물(1)

▲ 학생들이 3D 프린터를 활용해서 제작한 과제연구 결과물(2)

🔔 아두이노를 활용한 활동 중심 물리 수업

| 아두이노 활용 수업을 시작하게 된 동기

물리는 아이들이 접근하기 힘들 과목이다. 특히 여고의 특성상 아이들이 선호하지 않는 비인기 과목이다. 그래서 이 과목을 선택하는 학생의 수는 매우 적으며, 수업 시간 또한 그렇게 유쾌하지 않다. 많은 공식과 반복되는 계산 문제 때문에 수업 시간은 고행의 연속이다. 그렇다면 '언제까지 이렇게 할 것인가?'라는 고민으로부터 수업 개선 노력이 시작되었다.

학생 활동 중심의 수업으로 개선하기로 마음을 먹고 주변을 둘러보니 마음만 가지고 할 수 있는 일은 거의 없었다. 왜냐하면 아이들이 탐구 활동을 위한 주제를 선정하고 수업을 진행하려고 해도 수업에 필요한 장비가 낡고, 턱없이 부족했을 뿐만 아니라 새로 구입하려고 해도 가격도 매우 비쌌기 때문이었다. 고작 1년에 몇 번 사용하지도 않을텐

데 이런 고가의 장비를 구입해야 하는지 의문이 생겨 고민이 되었다. 이때 떠오른 것이 아두이노를 활용한 수업이었다.

아두이노를 활용한 수업은 센서 및 전기 회로도 구성과 코딩의 호환이라는 개념을 바탕으로 하는 것으로 공대 진학을 꿈꾸는 학생들에게 좋은 진로 탐색의 기회가 될 것이라 생각했다. 또한 아두이노용 측정 센서의 가격은 상대적으로 저렴하기 때문에 한 개 조에 센서를 3개씩 줄 수 있었다. 이런 장점이 있는 아두이노를 사용한다면 충분히 학생들과 함께 수업을 만들어갈 수 있다는 자신감이 생겼다. 그리고 이때 수업의 주제로 정한 것이 '롤러코스터와 같은 곡면에서의 역학적 에너지 보존에 대한 탐구'였다. 평균 속력, 순간 속력, 역학적 에너지 보존에 대해 포괄적으로 생각할 수 있는 기회를 주고 싶었기 때문이었다.

 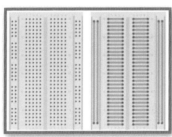 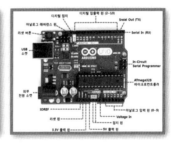

▲ 수업에 사용된 아두이노 부품

| 진로에 영향을 준 아두이노 활용 수업

아이들에게는 조별로 노트북 1대씩을 준비하게 했고, 우선 포토게이트 1개를 활용한 기본 회로의 구성과 측정 원리, 그리고 코딩에 대해 수업을 진행했다.

▲ 아두이노의 기본 개념을 배우는 수업 장면

　그리고 빗면에서의 등가속도 운동 개념을 활용하여 순간 속도를 코
딩하는 방법을 소개하는 것까지만 진행한 후 포토게이트 3개를 주고
곡선 구간에서의 속도 측정을 통해 역학적 에너지 보존을 확인할 수 있
는 탐구 활동을 진행했다.

▲ 고2 물리 수업 시간에 학생들이 직접 만든 과제물들

학생들이 아두이노를 활용한 수업을 통해 이해하고 경험한 내용은 다음과 같다.

첫째, 학생들은 참기름, 형광등의 매끈한 표면, 고무호스, 투명테이프 및 전기테이프 활용 등 창의적인 방법으로 마찰력을 최소화하기 위해 노력했다. 다양한 방법을 시도해 보면서 마찰력을 줄이면 줄일수록 역학적 에너지 보존에 가까워진다는 것을 경험했고, '외력이 존재하지 않는 경우 역학적 에너지는 보존된다.'라는 이론의 진정한 의미를 경험할 수 있었다.

둘째, 포토게이트는 단순히 공이 지나가는 시간만 측정해주는 것이므로 등가속도 직선 운동에서의 속도 측정 방법에 대한 내용을 바탕으로 가속도가 계속 변하는 곡면에서의 속도 측정을 이해할 수 있었다.

마지막으로 이 수업은 아이들의 진로에도 긍정적인 영향을 주었다. 처음엔 아두이노와 코딩을 낯설어하고 힘들어했던 아이들이 차츰 적극적으로 토의하고 협력하는 모습을 보여 주었다. 수업 시간에 배운 이론을 문제풀이로 반복할 때 보였던 졸린 표정은 찾아 볼 수 없었다. 코딩이 성공해서 센서가 작동할 때 환호성을 지르는 아이도 있었고, 진로희망을 공학계열로 바꾸고 싶다는 아이도 생겼다. 자연계열로 진로를 선택한 아이들이지만 이론으로 공부하는 것만으로는 확실하게 자신의 진로에 자신이 없었던 아이들이 물리뿐만 아니라 공학에 더 많은 관심을 갖는 계기가 되었다.

| 아두이노 활용 수업, 3학년도 한다

입시를 앞두고 있는 3학년 학생들에게 학생 활동 중심 수업은 현실적으로 더 많이 어려웠다. 학생들의 참여도 쉽지 않았고 필요성에 대한 공감대를 형성하는 것이 어렵기 때문이다. 하지만 기계공학이나 전자공학, 컴퓨터공학 등의 학과에 진학할 학생들에게 아두이노를 활용한 수업은 좋은 경험이 될 것이라고 판단했다. 학생들과 수업 방향에 대해 충분히 토론을 한 후 '아두이노 코딩을 기반으로 한 단진자 운동의 주기 측정과 중력가속도 계산'이란 주제로 탐구 활동을 계획했다.

▲ 아두이노를 활용해서 중력가속도를 계산하는 고3 학생들

아이들이 직접 코딩을 통해 센서로 측정한 값으로 진자의 주기를 계산하고 중력가속도를 유추해 내는 과정은 많은 시행착오와 노력을 요

구했다. '과연 입시에 바쁜 3학년 아이들이 이 과정에 즐겁게 참여할까?'라는 걱정이 들기도 했지만 예상외로 아이들은 즐겁고 진지한 태도로 수업에 참여했다.

| 아두이노 활용 수업을 통해 변화된 점

아두이노를 활용한 학생 참여형 수업을 통해 아이들은 공학계열의 진로에 관심을 갖게 되었고, 실제로 자신의 진로를 기계공학과나 물리학과로 변경한 경우가 있다. 그리고 흥미와 관심이 있는 학생들끼리 아두이노를 활용해서 다양한 물리량을 측정하고 사물 인터넷을 구성해 보는 모습을 볼 수 있었다.

아두이노를 활용한 탐구 활동은 학생들에게 이론적인 지식뿐만 아니라, 과학적 탐구 능력, 과학 지식에 대한 기본 소양 및 태도를 길러 줄 수 있는 좋은 경험을 제공했다고 생각한다. 또한 학기 초 학생들이 물리에 대해 가지고 있던 거부감과 부정적인 생각이 변화하는 모습을 보면서 교사로서 큰 보람을 느낄 수 있었다. 무엇보다 아두이노는 사물 인터넷의 기본이 되는 분야로 4차 산업 혁명의 시대를 살아갈 아이들에게 꼭 필요한 지식이다. 내가 계획한 수업 속에서 아이들이 단순히 기술과 지식만을 습득했다고 생각하지 않는다. 하나의 프로젝트를 완수하기 위해 서로의 의견을 나누고 소통하고 협력하는 방법을 배우는 아이들을 보면서 이런 태도가 4차 산업 혁명의 시대를 살아갈 아이들에게 꼭 필요한 자질이라는 생각이 들었다.

APPENDIX

학생 선택 교육과정

김대현

EBS 라디오 인터뷰
'행복한 교육세상'

EBS 라디오 인터뷰
'행복한 교육세상'

방송일시　2017년 5월 23일 (화) PM 5:00 ~ 6:00

진　행　최윤영

코 너 명　뉴스 ON온

출　연　김대현(인천신현고 교사)

최윤영　한 교실에서 같은 시간표대로 수업을 듣는 대다수의 고등학교
하고 다르게요 '학생 수업 선택제'를 운영하는 학교가 있어서 화제입
니다. 학생들이 듣고 싶어하는 과목을 개설하고 학생 스스로 수업을
선택하는 인천신현고등학교인데요. '학생 수업 선택제' 덕분에 교실
에서 잠자는 학생들이 싹 없어졌대요.

인천신현고등학교의 김대현 선생님께 자세한 이야기 들어보겠습
니다.

최윤영 선생님, 안녕하세요?

김대현 네, 안녕하세요, 김대현입니다.

최윤영 네, '학생 수업 선택제' 쉽게 소개를 좀 부탁드릴게요.

김대현 네, 이걸 처음 들으시는 분들은 뭔가 이게 획기적인 것이 아닌가 하실 수도 있는데요, 사실 현재 고등학교에 적용하고 있는 2009 개정 교육과정은 기본적으로 '선택교육과정'을 규정하고 있거든요. 그래서 현재 보통의 모든 고등학교들도 다 선택교육과정을 하고 있는 셈인거에요.

최윤영 그래요? 그런데 왜 우리는 모르죠?

김대현 다만 '그 선택의 주체가 누구냐'했을 때, 보통의 학교들 경우에는 '학교'와 '교사'가 주체라면, 우리 학교는 '학생의 선택'을 우선순위로 둔다는 것이 가장 큰 차이죠. 그래서 학생들이 희망하는 과목을 선택할 때 대개는 학교가 구성한 교육과정에 아이들의 희망을 끼워 맞추는 경우가 많잖아요? 하지만 저희는 가급적 아이들이 희망하는 과목을 개설하는 편이에요.

쉽게 말하자면 대학교 수강 신청하는 것과 비슷해요. 수강 신청 받아가지고 인원이 많으면 분반하고 적으면 폐강하잖아요? 저희는 학교 교사 수급하고 시간표 편성이 가능한 범위에서는 아이들이 원하는 과목은 대부분 개설하려고 노력하죠.

최윤영 그럼 선생님, 폐강되는 과목도 있나요?

김대현 인원수가 너무 적으면 폐강하기도 하는데요. 저희는 그래서 이제 6명 정도가 수강해도 개설하거든요. 10명 정도 내외로 하면 다 개설해서 운영하고 있어요. 그러다 보니까 보통 다른 학교는 1년에 50여 개 정도의 과목이 개설되는데 비해 저희 학교에서는 많게는 80개가 넘는 과목이 개설되기도 하구요. 그중에 이제 'Critical Reading'과 'English Writing'처럼 무학년제 선택으로 운영하는 과목도 있어요.

최윤영 그럼 선배들하고 같은 수업을 듣기도 한다구요?

김대현 그렇죠.

최윤영 완전 대학교네요. 그러니까 학생들이 원해서 개설된 80여 개의 과목들, 그중에 다른 학교에서는 찾아 볼 수 없는 특별한 과목들도 있겠어요.

김대현 네, 혹시 '인문학적 상상여행' 이란 과목 들어보셨어요?

최윤영 고등학교 과목이에요?

김대현 네, 저희 학교에 있는 과목입니다. 이거 말고도 또 '생활과 창의성', '과제연구' 같은 시교육청 인정과목이 있구요. 국가 교육과정에 있지만 일반 학교에서는 별로 개설하지 않는 세계문제, 비교문화 같은 심화과목도 있고 실용경제, 심리학, 교육학, 보건 등과 같은 교양 과목도 저희가 폭넓게 개설하고 있어요.

최윤영 심리학과 과목을 운영하고 계시다구요, 지금?

김대현 네. 그리고 이 과목들 운영을 할 때 과목의 특성에 따라 박물관에서 학예사님을 초청하거나, 아니면 은행 관계자 등 외부 강사를 모셔서 특강식으로 하기도 하고, 아니면 협력 수업으로 진행하기도 해요.

최윤영 아이들이 졸릴 틈이 없겠어요. 대학에 개설되는 과목을 듣고 있는 기분인데……. 이렇게 학생들의 수업 선택권을 확대하면서 일어난 변화가 굉장히 크겠네요.

김대현 가장 큰 변화는 우선 선생님들에게서 시작되거든요. 학생 선택 과목을 확대하면서 교장선생님께서 우리 선생님들께 가장 중점을 두고 요구하신 것은 학생 중심 교수-학습 방안을 마련하자는 것이었어요.

학생들이 그 과목을 선택했으니까 수업도 학생 중심으로 해보자는 것이지요. 그래서 선생님들은 기존의 강의식 수업을 탈피하기 위해 노력했어요.

전문적 학습 공동체라는 교과 교사 공동체를 통해서 자기의 수업을 서로 공개하여 나누고, 다양한 교수법을 적용하기 위해 노력했지요.

최윤영 선생님들이 이렇게 노력해 주시는군요. 정말 감사합니다.

그렇게 가르쳐 주시는 선생님들이 바뀌시니까 학생들의 변화도 크겠어요.

김대현 그렇죠. 선생님이 변하자 아이들도 변하기 시작했는데요, 사실 그동안 아이들은 가르침의 대상이었잖아요? 근데 그 아이들이 배움의 주체가 된 것이지요. 스스로 깨우치고 그것을 친구들과 나누면서 수업에 적극적으로 참여하는 모습을 보여 주었어요.

그러다 보니까 자연스럽게 수업 시간에 졸거나 딴짓하는 아이들이 거의 사라졌지요. 수업 분위기가 좋은 것은 두말할 나위가 없구요. 또 무엇보다 아이들이 자연스럽게 자신의 진로와 소질에 대해 더 진지하게 관심을 갖게 됐어요. 왜냐하면 아이들이 과목을 선택할 때 자기의 진로와 관련한 것, 또 잘하고 재밌게 할 수 있는 것, 이런 것들을 찾을 것 아니에요? 그런데 그러기 위해서는 지금 자기에게 필요한 것이 무엇인지 고민하게 돼요. 그러면, 또 그걸 해결하려고 친구랑도 얘기하고 선생님하고 상담도 하다 보니까 전체적으로 수업뿐만 아니라 진로와 관련해서도 아이들의 자율적이고 자발적인 참여가 확대되었다고 볼 수가 있는 거죠.

최윤영　네, 수업을 선택하면서 아이들이 진로 고민도 함께 하게 된다……. 정말 중요한 변화인데요.

그래도 입시 준비를 하다보면 아이들이 성적도 신경을 써야 할텐데 어떤가요?

김대현　그렇죠, 아무리 새로운 방법을 시도해도 고등학교에서 가장 부담되는 것은 아이들의 성적이에요. 우리나라의 교육 현실에서 무시할 수 없는 부분이거든요.

아무리 좋은 의도로 하는 것이라도 성적이라는 덫에 걸리면 물거품이 되는 경우가 많거든요. 저희가 학생 선택 중심 교육과정을 운영하면서 솔직히 저희 아이들의 성적이 '대폭 올랐다'라고 이렇게 자신 있게 얘기하기는 좀 어렵지만 그래도 아이들의 성적이 나름 유의미하게 상승했다는 결과는 저희가 갖고 있어요.

이제 중학교 2학년과 고등학교 2학년 때 전국적으로 시행하는 학업 성취도 평가라는 게 있는데, 그 결과가 이것을 증명해주고요,

대학 입시 결과도 매년 뚜렷이 향상되는 모습을 보이고 있어요.

그래서 저희 선생님들은 이런 결과들을 보면서 '아! 우리가 이렇게 수업을 해도 되는구나.'라는 자신감을 갖게 되는거죠. 하지만 저는 이러한 성적 자체보다도 우리 아이들이 행복하고 즐겁게 공부하면서, 그런 결과를 낼 수 있다는 것에 더 큰 의미를 두고 싶어요. 결과를 위해 애쓰기보다는 교육의 본질에 충실했더니만 결과도 좋더라는 얘기가 되겠죠.

선생님들께서도 이것이 많이 힘들고 어려우시지만 아이들과 함께 만들어가는 수업에서 더 큰 힘을 얻고 계시는 것 같아요.

최윤영 '학업성취도 평가의 결과가 좋다. 그런데 그것보다 더 중요한 건 아이들이 행복하고 즐겁게 공부하면서 그런 결과를 내고 있다.'

네, 저희 게시판에 박하사탕님이요. "시험이 아닌 진짜 공부를 하는 느낌입니다. 학교가 바뀌고 있군요." 그리고 늘봄님은 "취향 저격하는 과목들 많다"고 "우와~" 이렇게 올려주셨구요.

교사로서 생각하고 있는 부분도 있는 것 같아요. 이 '학생 수업 선택제' 좀 더 알차게 꾸려가기 위해서요.

김대현 사실 지금과 같은 교육과정을 저희 학교에서 운영할 수 있게 된 데에는 우리 선생님들의 협조와 희생이 절대적인 부분을 차지하고 있어요.

이렇게 하다보면 수업도 좀 늘어나고 그에 따라서 평가의 부담, 생활기록부 작성까지 보통의 학교에서 상상할 수 없을 정도의 큰 부담을 선생님들이 지고 계시거든요. 그럼에도 불구하고 저는 이것이 앞으로 바람직한 미래 학교의 모습이라고 생각하구요, 이를 위해서 먼저 이수단위 축소와 같은 교육부 차원의 제도적 지원이 필요하다고 생각해요.

그리고 무엇보다도 저는 교육과정을 반영하는 입시제도가 필요하다고 생각하는데요, 왜냐하면 아무리 좋은 교육과정을 마련하고, 또 학생 활동 중심의 수업을 해도 대학에서 우리 아이들을 점수로 줄 세우는 데만 관심이 있다면 실제로 학교 현장에서는 교육과정에 따른 수업을 소신있게 전개하기 어렵거든요.

그래서 좀 멀리보고 가기 위해서는 입시 중심의 교육이 아니라 교육 중심의 입시가 필요하다고 생각을 합니다.

이렇게 아이들에게 학생 중심 활동으로 수업을 하다 보면 처음엔 아이들이 낯설고 오히려 힘들어 해요. 그리고서 선생님들한테 그냥 강의해 달라고 요구를 하는 아이들이 많이 있거든요. 그런데 그런 아이들이 한 학기가 지나기도 전에 거의 대부분 사라져요. 그러면서 이제 스스로 생각하고 또 문제를 해결하는 능력을 갖게 되거든요.

저는 이것이야말로 수치로 표현할 수 없는 '교육의 힘'이라고 생각해요. 저희는 이 시도가 한 번 반짝하고 사라지는 성냥불이 아니라 꾸준히 빛을 비추는 촛불과 같은 그런 것이 될 수 있기를 한 번 기대를 해봅니다.

최윤영 네, 선생님 지금 게시판에 너무너무 많은 응원과 감탄의 글들이 올라오고 있어요. 김희라님은 "와 멋져요!"라고 올려주셨고, 윤하진님이 "꿈의 고등학교"라고 "교장선생님을 비롯해서 정말 멋진 교육관을 가진 선생님들이시네요." 그리고 7607님, 쓰시는 분은요, "어느 학교인가요? 저희 애 보내고 싶어요. 진정한 진로진학 수업인 것 같습니다."라고 또 보내주셨네요. 인천신현고등학교죠, 선생님?

김대현   네. 인천신현고등학교입니다.

최윤영   스스로 생각하고 문제를 해결하는 힘을 길러주자. 아이들이 정
말 사회로 나가서 얼마나 멋지게 자신의 꿈을 펼칠지 기대가 많이
되는 고등학교, 인천신현고등학교였습니다. 김대현 선생님 감사드
립니다.

김대현   네. 감사합니다~~

아이들의 꿈에
날개를 다는 학교